Global
Personal
Social

Jordi Pigem

Global Personal Social

Valores para un mundo en transformación

editorial Kairós

Editorial Kairós, S. A.
Numancia, 117-121, 08029 Barcelona, España
www.editorialkairos.com

Nirvana Libros S.A. de C. V.
3.a Cerrada de Minas, 501-8, CP 01280 México, D.F.
www.nirvanalibros.com.mx

Primera edición: Marzo 2011

ISBN: 978-84-7245-896-3
Depósito legal: B-4.115/2011

Fotocomposición: Grafime. Mallorca 1. 08014 Barcelona
Tipografía: Garamond, cuerpo 12, interlineado 14,6
Impresión y encuadernación: Romanyà-Valls. Verdaguer, 1. 08786 Capellades

Este libro ha sido impreso con papel certificado FSC, proviene de fuentes respetuosas con la sociedad y el medio ambiente y cuenta con los requisitos necesarios para ser considerado un "libro amigo de los bosques".

A José María Valverde (1926-1996),
Roger Rapp (1950-2010) y
Raimon Panikkar (1918-2010)

SUMARIO

III. Valores para un mundo en transformación

Apéndice

Índice de figuras, tablas y recuadros

Figuras*

Tablas

Recuadros

* Las figuras 1, 3, 4, 5 y 6 han sido elaboradas por el autor. La figura 2 procede de Rockström y otros (2009).

I. NUEVA REALIDAD, NUEVA CONCIENCIA

Todo necio
confunde valor y precio
ANTONIO MACHADO,
Proverbios y cantares
(Nuevas canciones), 1924.

Necesitamos [...] una revolución radical de los valores. Tenemos que iniciar rápidamente el paso desde una "sociedad orientada a las cosas" a una "sociedad orientada a las personas". [...] Una verdadera revolución de los valores pronto nos hará cuestionar la bondad y la justicia de muchas de nuestras políticas pasadas y presentes.
MARTIN LUTHER KING,
EL 4 DE ABRIL DE 1967 EN NUEVA YORK

No podemos medir el espíritu de la nación con el índice Dow Jones, ni los logros de la nación con el Producto Nacional Bruto. Porque el Producto Nacional Bruto incluye la contaminación del aire y anuncios de tabaco, así como ambulancias para limpiar de accidentes las autopistas. Incluye cerraduras especiales para nuestras puertas, y cárceles para quienes las revientan. El Producto Nacional Bruto incluye la destrucción de los bosques de secuoyas y la muerte del Lago Superior. Aumenta con la producción de napalm, misiles y cabezas nucleares. [...].

Y si el Producto Nacional Bruto incluye todo esto, también hay mucho que no incluye. No tiene en cuenta la salud de nuestras familias, la calidad de su educación o la alegría de sus juegos. [...] No incluye la belleza de nuestra poesía ni la fortaleza de nuestros matrimonios, la inteligencia de nuestros debates o la integridad de nuestros funcionarios. [...] El Producto Nacional Bruto no mide nuestro ingenio ni nuestro valor, nuestra sabiduría o nuestros conocimientos, nuestra compasión o nuestra dedicación al país. Es decir, lo mide todo, excepto lo que hace que la vida valga la pena.

ROBERT KENNEDY,
EL 18 DE MARZO DE 1968
EN LA UNIVERSIDAD DE KANSAS

1

TIKOPIA

Los habitantes de Rapa Nui (la isla de Pascua) se dedicaron durante generaciones a talar sus bosques para edificar enormes y sofisticadas estatuas rituales, los *moai*. Por lo visto, la deforestación de la isla llevó a su colapso, ecológico y humano: sin árboles no podían, por ejemplo, construir canoas para ir a pescar. ¿En qué pensaban mientras talaban el último árbol? Buena parte de nuestra actividad ha estado también dedicada a construir *moai*: rascacielos, vehículos y otros artilugios de alta tecnología que prometían acercarnos al paraíso. Mientras tanto, el equilibrio del planeta se ha ido deteriorando cada vez más. ¿En qué pensábamos nosotros?

Otra pequeña y remota isla del sur del Pacífico, Tikopia, también empezó a topar contra sus límites ecológicos casi al mismo tiempo que Rapa Nui, hace ahora cuatro siglos. Pero los tikopianos se dieron cuenta a tiempo. Vieron, por ejemplo, que el consumo de carne de cerdo creaba desequilibrios ecológicos y acentuaba desigualdades sociales. De modo que eliminaron a todos los puercos. Los habitantes de Tikopia transformaron radicalmente sus hábitos, su organización y su horizonte.[1]

Su cultura pudo continuar porque supo transformarse.

2

ECOS:
VOCES QUE LLAMAN AL SENTIDO COMÚN

Parlamento Mundial de las Religiones (1993): «Solamente con leyes, reglamentos y convenciones no se puede crear, y mucho menos imponer, un mejor orden mundial [...]. Todas las experiencias históricas demuestran que nuestro mundo no puede cambiar sin un cambio previo de mentalidad en el individuo y en la opinión pública [...]. Abogamos por un cambio de conciencia individual y colectivo».[2]

Carta de la Tierra (2000): «Como nunca antes en la historia, el destino común nos hace un llamado a buscar un nuevo comienzo [...]. El proceso requerirá un cambio de mentalidad y de corazón».[3]

Wangari Maathai (2004): «En el curso de la historia, hay un momento en el que la humanidad está llamada a cambiar a un nuevo nivel de conciencia, a alcanzar un nivel moral más elevado. Un momento en el que debemos abandonar nuestros miedos y darnos esperanza los unos a los otros. Este momento es ahora».[4]

Paul Hawken (2007): «La gravedad del problema en que nos encontramos radica en que debemos reinventar todo lo que hacemos. Dicho de otra manera, no hay nada que hagamos o sistema que tengamos que no deba rehacerse por completo [...]. A nuestra generación le toca cambiar completamente este mundo».[5]

Ted Trainer (2007): «Para salvar el planeta no nos hacen falta desarrollos tecnológicos milagrosos ni enormes cantidades de capital. Lo que necesitamos esencialmente es un cambio radical en nuestro pensamiento y nuestra conducta».[6]

IUCN (2007): «Si la conducta humana es la causa última de la crisis de extinción de la biodiversidad, de ello se deriva que la ética (la búsqueda de lo que las personas y sociedades consideran que hay que hacer en una situación determinada) debe ser parte de la solución. Sin embargo, no suele aceptarse la ética como un ingrediente esencial, y generalmente es descartada como algo demasiado teórico...».[7]

CADS (2009): «Instamos a los diferentes agentes de la sociedad [...] a ser protagonistas y a participar activamente y con inmediatez en la generación de nuevos valores que lleven a una reconversión de la economía, del modelo energético y de los hábitos de consumo...».[8]

Thich Nhat Hanh (2009): «Necesitamos una especie de despertar colectivo. Hay entre nosotros hombres y mujeres que están despiertos, pero no basta: la mayoría de la gente todavía duerme. Hemos edificado un sistema que no podemos controlar [...]. La mayoría de quienes deseamos tener una casa, un coche, una televisión, una nevera, etcétera, debemos sacrificar a cambio nuestro tiempo y nuestras vidas [...]. Si despertamos a nuestra verdadera situación, habrá un cambio en nuestra conciencia colectiva».[9]

Tom Crompton y **Tim Kasser** (2009): «El movimiento ecológico no podrá contribuir a crear los cambios sistémicos requeridos en respuesta a los retos ambientales de hoy, a menos que comprenda los problemas planteados por los valores y la identidad».[10]

New Economics Foundation (2009): «Un proceso de reevaluación (la Gran Reevaluación) es clave [...]. Muchas otras cosas dependen de hacer esto bien. Para diseñar una nueva economía, deberíamos iniciar un proceso que establezca qué es lo que valoramos colectivamente».[11]

Leonardo Boff (2009): «Hemos de tener mucha sabiduría para no prolongar este tipo de cultura, y crear condiciones para que se dé otra que pueda salvaguardar la vida y la Tierra, como el hogar común de los humanos y de toda la comunidad de la vida».[12]

Serge Latouche (2010): «Abordar de forma proactiva las actuales crisis ambiental, financiera, social y ética, requiere, sin embargo, un modelo de sociedad radicalmente diferente [...]. Todo ello implica grandes dosis de imaginación y un replanteamiento a fondo del concepto actual de realidad».[13]

3

LOS VALORES GUÍAN NUESTRAS ACCIONES

Todas las estructuras socioeconómicas y culturales que hacen que el mundo de hoy sea insostenible han nacido y crecido en la mente humana –y es en primer lugar en la mente donde podemos transformarlas. Tal y como declara el artículo 1 de la Constitución de la UNESCO: «dado que las guerras comienzan en las mentes de los hombres, es en las mentes de los hombres donde hay que construir los baluartes de la paz». También es en las mentes de los hombres y mujeres donde hay que construir los baluartes de la sostenibilidad.

Nuestras acciones y actitudes nacen de nuestra conciencia, que se manifiesta en nuestras visiones del mundo, en nuestras creencias y en nuestros valores (véase la Figura 1). Es necesario un cambio de conciencia para conseguir una sociedad verdaderamente sostenible.

Visión del mundo
↓
Creencias
↓
Valores
↓
Actitudes
↓
Acciones

Figura 1. El marco intangible de las acciones

Recuadro 1
El valor de los valores

Los valores son los carriles intangibles que guían nuestras acciones. Señalan lo que es idóneo y lo que está o no permitido en un determinado contexto sociocultural. Nos permiten evaluar, dar valor a lo que nos rodea y a lo que somos y hacemos.

Aunque existe toda una disciplina dedicada a su estudio (la axiología), los valores éticos no son fáciles de definir con concisión. El filósofo Josep-Maria Terricabras escribe que los valores son los «principios, ideas, relaciones y experiencias que creemos que dan valor, fuerza y gracia a la vida». Los autores de un manual reciente sobre *Environmental Values* definen los valores como «las formas diversas en que los individuos, los procesos y los lugares tienen importancia, nuestras formas diversas de relacionarnos con ellos, y las consideraciones diversas que entran dentro de nuestras deliberaciones sobre la acción».[14]

La palabra *valor* deriva del latín *valere*: "ser vigoroso", "tener valor". La valentía da fuerza al cuerpo y al ánimo. Los valores dan vigor al alma y a la sociedad.

Entre los valores tradicionalmente apreciados (y no necesariamente practicados) encontramos la tolerancia, la igualdad, la solidaridad y la libertad. Nada que ver con los valores que cotizan en bolsa. El poeta Paul Valéry ya ironizaba que «hay un valor denominado "espíritu" tal como hay un valor petróleo, trigo u oro». Por lo que se refiere a los objetos y mercancías, se distingue desde Aristóteles entre su «valor de uso» y su «valor de cambio». Pero no todo lo que es realmente útil es considerado valioso por nuestra economía. En *La riqueza de las naciones* (1776), Adam Smith ya señalaba esta paradoja: «Nada es más útil que el agua, pero prácticamente no tiene ningún poder de compra, casi nada puede obtenerse a cambio de ella. Un diamante, por el contrario, casi no tiene ningún valor de uso, pero a cambio de él generalmente puede obtenerse una gran cantidad de otros bienes». Esta paradoja tiene mucho que ver con la insostenibilidad de la economía contemporánea.[15]

Como la de los valores bursátiles, la cotización de los valores éticos también fluctúa, y lo hace con gran rapidez en tiempos de incertidumbre como los nuestros. ¿Qué valores han de cotizar al alza en nuestra cultura y en nuestro imaginario para conseguir una sociedad plenamente humana?

4

DESARROLLAR LA SOSTENIBILIDAD

No podemos seguir ignorando que para conseguir una sociedad sostenible necesitamos algo más que avances tecnológicos y económicos: es necesario transformar nuestra relación con la naturaleza, con los demás y con nosotros mismos. Ello implica una transformación cultural, un cambio en nuestra manera de entender el mundo y nuestro lugar en él, es decir, un cambio de mentalidad y de valores.[16]

En los años setenta del siglo XX, diversos autores alertaban ya sobre la necesidad de una transformación de este tipo. El psicoanalista y crítico cultural Erich Fromm afirmaba de manera rotunda en su clásico *¿Tener o ser?* que «por primera vez en la historia, la supervivencia física de la especie humana depende de un cambio radical en el corazón humano». Otro autor que podemos citar en este contexto es el filósofo indocatalán Raimon Panikkar. En un texto publicado originariamente en inglés en 1977, afirmaba que ante la profundidad de nuestra crisis cultural, «medidas a medias no sirven. Sólo una metanoia radical, un cambio total de mentalidad, corazón y espíritu, puede ir al encuentro de nuestras necesidades». Y en un texto más reciente insistía: «El momento histórico de las reformas [...] se ha acabado [...]. Es necesaria una *transformación*, que equivale a un cambio radical de la manera de pensar y de vivir [...]. Esta transformación heroica exige un giro radical de todos nuestros sistemas de valores».[17]

La percepción de la necesidad de un cambio de valores fue también integrada en las principales declaraciones de los años setenta sobre cuestiones ambientales. Sin embargo, todas estas declaraciones no llegaron más allá de un ámbito más o menos especializado o alternativo. En los últimos años, en cambio, se ha ido extendiendo rápidamente la conciencia de que para conseguir una sociedad sostenible es urgente un cambio de mentalidad, de actitud y de valores. Hemos de reevaluar nuestras prioridades y redefinir cuál es el propósito que damos a la economía y a la cultura. Necesitamos un cambio profundo de nuestro marco cultural y ético.[18]

Los avances tecnológicos a menudo permiten un uso más eficiente de los recursos. Sin embargo, como muestra el "efecto rebote" (o paradoja de Jevons), el incremento de la eficiencia a la larga lleva a consumir *más* recursos. Por ejemplo, el aumento de la eficiencia en el consumo de combustible de los automóviles ha permitido fabricar modelos mucho más pesados y potentes, como los 4x4, que al fin y al cabo consumen mucho más. Aunque en las últimas tres décadas hemos incrementado un 30% la eficiencia en el uso de los recursos, en el mismo período el uso global de recursos ha crecido un 50%.[19]

En los países del Norte, el crecimiento material no se traduce ya en más calidad de vida. En este sentido, avanzar hacia la sostenibilidad empieza por darnos cuenta de que nuestra plenitud personal y el bien común de la sociedad están mucho más ligados a valores intangibles (como las relaciones personales, la alegría de vivir, el tiempo libre y la creatividad) que a los bienes materiales. La sostenibilidad no es cuestión de ascetismo, sino de conseguir una vida buena, digna y plena.

La ecología y la sostenibilidad no pueden ser simples especialidades, porque su esencia es precisamente el hecho de que todo está relacionado con todo. Esta fue precisamente la conclusión de un informe que analizaba la falta de éxito de los movimientos ecologistas y conservacionistas de Estados Unidos, a partir de entrevistas a muchas de sus figuras clave. Sus autores, Shellenberger y Nordhaus, advertían de que estos movimientos se habían convertido en grupos especializados y habían perdido la visión global que da sentido a toda perspectiva ecológica. Señalaban que, por ejemplo, creer que el cambio climático es básicamente una cuestión de concentración atmosférica de CO_2 es caer en una visión reduccionista. Para afrontar de verdad el cambio climático y otros aspectos clave de la crisis ecológica hay que cambiar el modelo de desarrollo basado en el crecimiento material. Ello implica transformar nuestra visión del mundo y nuestros valores.[20]

La palabra *sostenible* se ha venido empleando como adjetivo para calificar lo que se consideraba verdaderamente sustantivo: el desarrollo. Hoy ya no puede ser un adjetivo. Es hora de que pase a ser un sustantivo, que nos concentremos menos en el desarrollo sostenible y más en *desarrollar la sostenibilidad.*

La visión materialista que hemos heredado ve la Tierra como un mero almacén de recursos y contempla el mundo como una suma arbitraria de objetos a punto para ser manipulados y consumidos. Esta visión del mundo es insostenible –en el doble sentido de la palabra. Es insostenible por sus consecuencias ecológicas, pero también es insostenible conceptualmente, tal como decimos de un argumento que es insostenible («que no se puede defender con razones», según el *Diccionario* de la RAE). La crisis económica y la crisis ecológica muestran hoy que el materialismo no funciona.[21]

La crisis económica iniciada en 2008 crea un contexto en el que este cambio cultural es más necesario y más posible que nunca. Nos hallamos en una crisis sistémica: ecológica y económica, y a la vez ética y epistemológica. Es hora de abrazar una nueva forma de entender el mundo, que integre lo que hemos aprendido hasta ahora y esté a la altura de los retos contemporáneos.

5

TOPANDO CONTRA LOS LÍMITES

La humanidad actual utiliza un tercio más de los recursos y servicios que puede proporcionar la Tierra. Podemos decir que el choque de nuestro sistema socioeconómico contra los límites del planeta, presagiado ya en 1972 en el informe *Los límites del crecimiento*, ha dejado de ser un acontecimiento futuro sobre el que se pueda especular y ha pasado a ser un hecho presente de implicaciones ineludibles. La mejor evidencia científica de este choque la tenemos en un reciente informe, *Planetary boundaries*, elaborado por Johan Rockström y otros veintiocho prestigiosos científicos de tres continentes y promovido por el Stockholm Resilience Centre. El informe identifica nueve indicadores del equilibrio planetario, establece para siete de ellos límites de

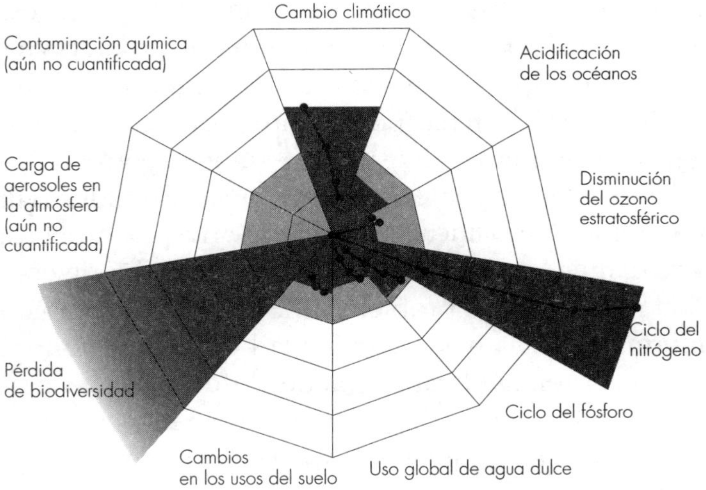

Figura 2. Situación actual de los límites planetarios

seguridad (por ejemplo, una concentración máxima de 350 ppm de CO_2 en la atmósfera) y alerta sobre el hecho de que sobrepasar uno solo de estos límites puede desencadenar procesos incontrolables que se amplifiquen de manera no lineal, dando lugar a transformaciones abruptas e irreversibles. En el caso de tres de los indicadores establecidos (el cambio climático, el ciclo del nitrógeno y la pérdida de biodiversidad), el informe indica que ya hemos superado los límites de seguridad recomendados. Excepto en el caso de la concentración de ozono estratosférico (que se ha recuperado ligeramente desde 1993), el resto de indicadores muestran un claro deterioro de la sostenibilidad en las últimas décadas.[22] (Véanse Figura 2 y Tabla 1.)

El informe señala, por ejemplo, que el ritmo de extinción de la biodiversidad es ahora entre 100 y 1.000 veces mayor que en la época preindustrial. Cada año se clasifican unas 10.000 nuevas especies y se extinguen unas 50.000. La pérdida de biodiversidad no es sólo un problema ético, sino que también merma la resiliencia o capacidad de adaptación de los ecosistemas, lo que puede desencadenar cambios abruptos que nos pondrían seriamente en jaque.

En muchos períodos históricos ha estado en juego el futuro de una comunidad o de todo un país. Hoy está en juego el futuro de la humanidad entera. Como ha señalado Paul Crutzen (premio Nobel de Química y uno de los autores de *Planetary boundaries*), nuestra época (desde el inicio de la Revolución Industrial) constituye un nuevo período geológico. Hemos pasado del Holoceno (el período que abarca los últimos 10.000 años, desde el final de la glaciación más reciente) al Antropoceno, en el que el principal factor de alteración de los sistemas terrestres es el ser humano. Nuestro efecto estrictamente geológico es indudable: en las últimas ocho generaciones hemos modificado la composición y estructura de la biosfera, hemos quemado la mitad de las reservas de petróleo que albergaba el planeta, hemos transportado cantidades ingentes de minerales de

Tabla 1. Datos de los límites planetarios

Proceso del sistema terrestre	Variable de control (unidad)	Límite	Pre-industrial	1950	1970	1990	Datos más recientes
Cambio climático	Concentración atmosférica de CO_2 (ppm)	≤350	280	311	326	**354**	**387**
Acidificación de los océanos	Ratio de saturación oceánica global de aragonita	≥2,75	3,44	s.d.	s.d.	s.d.	2,90
Disminución del ozono estratosférico	Concentración de O_3 estratosférico (unidades de Dobson)	≥276	290	s.d.	292	282 (1993)*	283
Ciclo del nitrógeno	Cantidad de N_2 extraído de la atmósfera para uso humano (t/año)	≤35	0	4	**39**	**98**	**121**
Ciclo del fósforo	Cantidad de P que llega a los océanos (t/año)	≤11	1,1	3,4	6,0	8,5	10,3
Uso global de agua dulce	Uso para consumo humano (km^3/año)	≤4.000	415	887	1.536	2.192	2.600
Cambios en los usos del suelo	Porcentaje de la superficie terrestre libre de hielos empleado por la agricultura	≤15	5	s.d.	10,71	11,45	11,65
Pérdida de biodiversidad	Ritmo de extinción (número de especies por millón por año)	≤10	1	s.d.	s.d.	s.d.	**>100**

Datos correspondientes a la Figura 2. No se incluyen los otros dos límites que han sido identificados, pero que todavía no han podido ser cuantificados con datos suficientemente homogéneos: la **contaminación química** y la **carga de aerosoles en la atmósfera**. Los datos en negrita exceden los límites planetarios. Los signos ≤ y ≥ indican si se trata, respectivamente, de un límite superior o inferior.

s.d. = sin datos.

*En el caso de la concentración de ozono se utiliza el dato de 1993 porque corresponde al mínimo alcanzado por esta variable durante el siglo XX.

Fuente: Rockström y otros (2009).

un continente a otro, hemos creado nuevos materiales, como el acero y los plásticos, y hemos puesto en circulación unas 100.000 sustancias tóxicas. Si queremos continuar habitando la Tierra, nos toca pasar del Antropoceno a una nueva era de integración consciente de la humanidad en los ciclos planetarios.

Podemos añadir otros dos elementos que forman parte del choque de nuestro sistema socioeconómico contra los límites del planeta y que quedan fuera del alcance del citado informe. Uno es el *techo de la extracción de petróleo* (*peak oil*). El otro es la *crisis económica global*, que aunque tiene sus causas inmediatas en la especulación financiera e inmobiliaria, en el fondo no puede desvincularse del choque de nuestro sistema socioeconómico contra los límites del planeta. Toda nuestra economía es sólo una filial de la biosfera, y es incuestionable que el choque contra los límites del planeta tenía que afectar a la economía.[23]

Como decía irónicamente el economista Kenneth Boulding, «para creer que el crecimiento exponencial puede continuar indefinidamente hay que ser un loco o un economista». Todo crecimiento empieza a ralentizarse cuando se alcanza la madurez. Por ejemplo, antes de llegar a la pubertad un hámster duplica su peso cada semana. Si tuviera que mantener este ritmo de crecimiento ilimitadamente, al cumplir un año pesaría ¡9.000 millones de toneladas!. Y si mantuviera la misma proporción de ingestión de alimentos en relación al peso corporal, este hámster de un año necesitaría en un día más maíz del que se produce anualmente en todo el planeta.[24]

La economía moderna se basa en una visión del mundo propia del siglo XIX. Ve la realidad como un conjunto de objetos inertes, sometidos a leyes mecánicas y lineales, y tiende a oponer a los seres humanos contra la naturaleza y entre sí. Los economistas clásicos, de Adam Smith a Vilfredo Pareto, tomaban como modelo la física de Newton, cuyos presupuestos siguen dominando la economía aunque están superados desde hace un siglo.

Durante las últimas décadas se nos quiso hacer creer que la codicia es buena y la regulación de la economía es mala: extraño evangelio que emanaba de la Escuela de Chicago y que se ha revelado como un espejismo peligroso y obsoleto. Oficialmente obsoleto desde el 23 de octubre de 2008. Ese día, Alan Greenspan, adalid del neoliberalismo y presidente de la Reserva Federal durante casi veinte años, confesó en su testimonio ante el Congreso de Estados Unidos que había descubierto «un error en el modelo que creí que era la estructura clave que definía cómo funciona el mundo». Henry Waxman, el congresista que lo interrogaba, resumió lo dicho hasta entonces: «En otras palabras, descubrió que su visión del mundo, su ideología, era incorrecta, que no funcionaba». A lo que Greenspan respondió: «¡Exacto!».[25]

A esta visión del mundo demostradamente errónea siguen aferrados el grueso del pensamiento económico y de la política. Raj Patel compara esta situación con el síndrome de Anton-Babinski, en el que la persona sufre ceguera absoluta y sin embargo se empeña en hacer creer a los demás que ve perfectamente. Y mientras sigue chocando contra las paredes, como nuestro sistema obsoleto.[26]

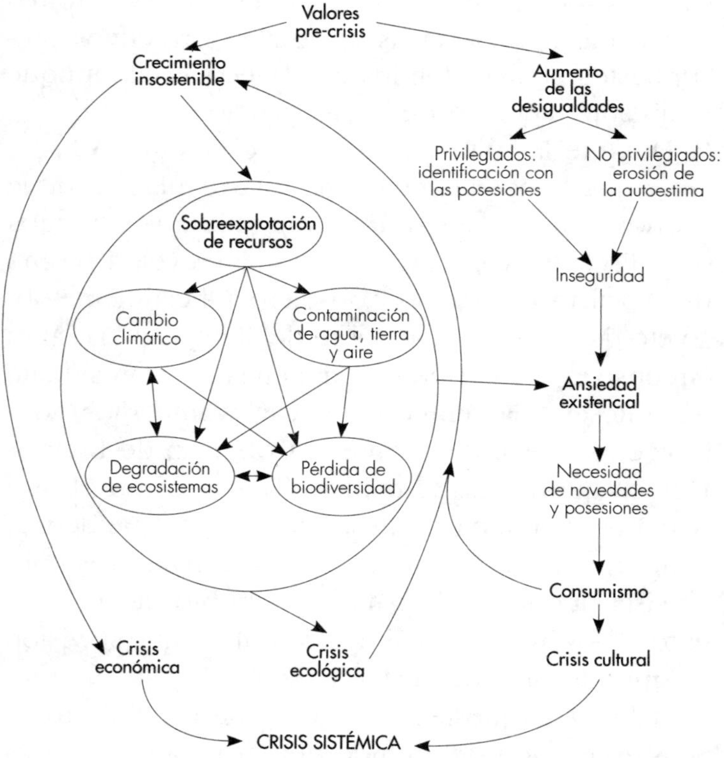

Figura 3. Los valores y la crisis sistémica

Recuadro 2
Lugares desde los que transformar un sistema (en orden creciente de efectividad)

Donella Meadows explicaba que los cambios en un sistema son más superficiales y menos efectivos en el nivel de los impuestos, subsidios y flujo de materiales (precisamente, el nivel en el que trabajan las administraciones), mientras que son más profundos y efectivos cuanto más tocan el paradigma o la mentalidad de fondo que les da sentido.[27]

9. **Cifras.** Según Meadows, el 90% de nuestra atención se dirige a las cifras, pero las cifras sólo tocan la superficie de las cosas y tienen menos poder del que pensamos. Modificar parámetros cuantitativos como los subsidios e impuestos «muy raramente hará cambiar el comportamiento del sistema económico del país. Si el sistema tiene un estancamiento crónico, los cambios en parámetros cuantitativos raramente lo ponen en marcha [...]. Si crece incontrolablemente, no lo paran». Concentrarse en las cifras, llega a decir Meadows, es como «cambiar de lugar las tumbonas del *Titanic*». Pero las cifras sí tienen influencia en la medida que promueven cambios en los puntos que aparecen más abajo en esta lista.

8. **Flujos y existencias de materiales.** Las estructuras materiales de un sistema, su diseño y la velocidad con la que se adaptan a los cambios.

7. **Regular los bucles negativos de *feedback*.** Son necesarios para mantener la estabilidad del sistema.

6. **Reforzar los bucles positivos de *feedback*.** Los que orientan el cambio en la buena dirección.

5. **Flujos de información.** A quién llega y a quién no llega la información.

4. **Las reglas del sistema.** Los incentivos, las penalizaciones, las normas.

3. **La capacidad de autoorganización.** Esencial para la evolución del sistema.

2. **Las finalidades del sistema.** Sus aspiraciones, su propósito.

1. **La mentalidad o paradigma a partir del que surge el sistema.** Este es, según Meadows, el factor clave del cambio, porque la mentalidad o paradigma de un sistema es el que determina sus finalidades, su estructura, sus reglas y sus parámetros. ¿Cómo puedo contribuir a cambiar un paradigma? A partir del estudio de Thomas Kuhn sobre la estructura de las revoluciones científicas, Meadows responde: «Continúa señalando las anomalías y los fracasos del viejo paradigma, apóyate clara y firmemente en el nuevo paradigma, coloca a personas del nuevo paradigma en lugares de visibilidad pública y de poder. No pierdas el tiempo con los reaccionarios, trabaja con los agentes activos del cambio y con la amplia mayoría de personas de mentalidad abierta».[28]

6

¿CUÁNTO VALE?

Una economía sensata reflejaría en los precios de las cosas su verdadero coste social y ecológico. Hoy, la mayor parte de la producción externaliza sus costes, pasando factura alegremente a la naturaleza, a los países del Sur y a nuestros descendientes. Un estudio publicado por la Academia Nacional de Ciencias de Estados Unidos concluyó que la deuda ecológica de los países ricos con los países pobres, incurrida en el período 1960-2000, es del orden de varios billones de dólares, cifra que supera con creces toda la deuda financiera que los países del Norte reclaman a los del Sur. ¿Quién debe a quién?

En la actualidad está en marcha un gran proceso de reevaluación a todos los niveles. El estudio internacional *The Economics of Ecosystems and Biodiversity* (TEEB) es un ejemplo de que empezamos a reconocer el valor de los servicios que los ecosistemas proveen a las comunidades humanas. Por ejemplo, se ha calculado que el valor global de la polinización (que nos regalan las abejas, además de producir miel) es de 153.000 millones de euros al año.[29]

Durante siglos hemos sido miopes al valor de la naturaleza. Nuestra mente calculadora sólo veía lo que le queda más cerca: cifras y abstracciones, alejadas del latir del mundo. Ante esta miopía, estudios como TEEB nos ofrecen unas gafas de gruesas lentes para que empecemos a percibir el valor (meramente económico) de lo que nos rodea. Es un primer paso. Pero la red de la vida siempre tendrá un valor incomparablemente mayor que el de las economías humanas. Los ecosistemas y la biodiversidad constituyen la matriz del equilibrio planetario que nos sostiene. Sin ellos se desvanecería la humanidad y toda la producción de las economías del mundo: el producto mundial bruto valdría 0. En comparación con el valor del producto mundial bruto, el valor económico de la red de la vida es infinito.

7

LA CRISIS ECOLÓGICA COMO REFLEJO DE UNA CRISIS INTERIOR

Eckhart Tolle (autor de *El poder del ahora*): «La contaminación del planeta es sólo un reflejo exterior de una contaminación psíquica interior: millones de individuos inconscientes rehuyendo la responsabilidad sobre su espacio interior».[30]

Seyyed Hossein Nasr (filósofo musulmán): «La destrucción de la naturaleza es en último término la destrucción de nuestro propio ser interior [...]. Es nuestra oscuridad interior lo que ahora se ha extendido hacia afuera en el mundo de la naturaleza. El caos exterior refleja como un espejo lo que ha ocurrido en nuestro interior [...]. Es imposible hablar de la naturaleza sin hablar de la imagen que tenemos de nosotros mismos».[31]

Philip Sherrard (teólogo ortodoxo): «En primer lugar, la propia crisis no es una crisis ecológica. No es, en primer lugar, una crisis en relación con el medio ambiente. Es, en primer lugar, una crisis relacionada con nuestra manera de pensar [...]. Ello significa que antes de que podamos tratar de forma efectiva el problema ecológico debemos cambiar nuestra imagen del mundo, y esto, por su parte, significa que debemos cambiar nuestra imagen de nosotros mismos».[32]

Ivan Illich (filósofo y crítico cultural): «Considero que la contaminación de la Tierra y el agotamiento de sus recursos son el resultado, sobre todo, de una corrupción de la imagen que los humanos tenemos de nosotros mismos, o, dicho de otra manera, de una regresión de nuestra conciencia, que nos hace considerar al ser humano no como algo que depende del contacto directo con la naturaleza y las otras personas, sino como algo que depende idealmente de las instituciones y de sus productos y servicios».[33]

8

REIMAGINAR EL MUNDO

Los valores que hasta ahora nos han guiado nos llevan hacia un mundo insostenible. En el contexto de nuestra crisis sistémica necesitamos una nueva brújula que nos oriente en la transición hacia un mundo más sostenible y solidario. La clave de este proceso es una reorientación de nuestros valores y prioridades.

El informe *The Great Transition* (*La gran transición*, de la New Economics Foundation) muestra la necesidad de rediseñar el conjunto del sistema económico para afrontar los crecientes problemas del mundo contemporáneo. La primera sección central del informe se titula precisamente «La Gran Reevaluación». En el contexto de la economía, *The Great Transition* señala la necesidad de que los precios del mercado reflejen los verdaderos costes y beneficios sociales y ambientales de los productos y servicios, para que lo que es social y ecológicamente beneficioso resulte barato y lo que es perjudicial resulte caro. Pero no se trata sólo de revalorar productos y servicios sino, sobre todo, de revaluar la orientación de la economía y de la sociedad, dado que cada vez tenemos más evidencias de que el verdadero bienestar «radica menos en los bienes materiales que en la calidad de nuestras relaciones y en el sentido que encontramos en nuestro trabajo».[34]

La necesidad de una transformación de los valores también es enfatizada por Serge Latouche, el teórico que más ha contribuido en los últimos tiempos a divulgar la noción de decrecimiento. En su *Pequeño tratado del decrecimiento sereno*, Latouche resume sus propuestas en un «círculo virtuoso» formado por ocho Rs: revaluar, reconceptualizar, reestructurar, redistribuir, relocalizar, reducir, reutilizar, reciclar. Latouche escribe que «el cambio de valores comporta otra mirada sobre el mundo y, por tanto,

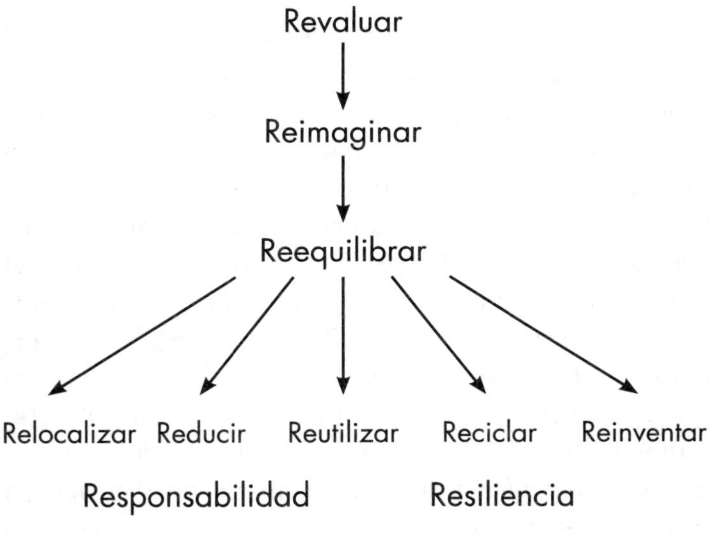

Figura 4. Revaluar, clave de todas las Rs

otra manera de captar la realidad»; y añade que «hay que adaptar el aparato de producción y las relaciones sociales en función del cambio de valores».[35]

Necesitamos reestructurar y reequilibrar el mundo. Ello requiere reimaginar, transformar nuestro imaginario personal y colectivo. Y este proceso arranca revaluando nuestras prioridades y nuestros objetivos, como ilustra la Figura 4.

Nuestra época pide una enorme transformación que deberá manifestarse en todos los niveles, desde lo personal a lo colectivo, y desde los medios de comunicación a los ámbitos de la política, la empresa, la educación y el conocimiento. Necesitamos pasar de la codicia a la solidaridad, de la sociedad industrial a la sociedad sostenible, de la modernidad a la transmodernidad, del materialismo al postmaterialismo. La crisis sistémica de nuestros días afecta a todas las sociedades y todos los ecosistemas del planeta. Pero a la vez nunca habíamos tenido oportunidades comparables a las de hoy –lo que descubrimos a través de la ciencia, lo que aprendemos al abrirnos a otras culturas, las posibilidades de comunicación que brinda Internet. Los retos y las oportunidades de hoy son de una magnitud sin precedentes, quizá sólo comparables a la revolución agrícola que empezó hace 10.000 años, o a la Revolución Industrial de los siglos XVIII y XIX. Pero la transformación que quiere nacer hoy tendrá que ser mucho más rápida. Si ello parece imposible, pensemos en todos los acontecimientos que hemos vivido que hubieran sido difícilmente concebibles poco antes. En el verano de 1989 nadie fue capaz de prever que el muro de Berlín caería en tan solo tres meses. En el verano de 2006, ¿quién imaginaba que Obama sería presidente?[36]

Según la teoría del equilibrio puntuado de Stephen Jay Gould y Niles Eldredge, la evolución biológica combina largos períodos de estabilidad con momentos puntuales de transformación radical. Esta teoría de la evolución biológica ha inspirado estudios que parecen corroborar su equivalente en el ámbito de la evolución social y cultural. Los cambios culturales suelen ser lentos, pero a veces emergen de repente fuerzas transformadoras y se dan cambios revolucionarios en poco tiempo. Es lo que ha ocurrido en las grandes revoluciones históricas. También podría ser el caso de la madura y no-violenta revolución de la conciencia que hoy necesitamos.

II. LA INSOSTENIBILIDAD DE UNA ILUSIÓN

Ya no es posible creer que ninguna reforma política o económica o ningún avance científico puedan resolver los problemas de vida o muerte de la sociedad industrial. Radican a demasiada profundidad, en el corazón y en el alma de cada uno de nosotros.

E. F. SCHUMACHER[1]

Una economía orientada al consumo promueve activamente la desafección, socava la confianza y profundiza la sensación de inseguridad, hasta convertirse ella misma en una fuente de ese miedo ambiental que prometía curar o ahuyentar, ese miedo que satura la vida líquida moderna y es la causa principal del tipo de infelicidad propio de esta época.

ZYGMUNT BAUMAN[2]

Al fin y al cabo, el triunfo del crecimiento económico no es un triunfo de la humanidad sobre las necesidades materiales; es más bien un triunfo de las necesidades materiales sobre la humanidad.

RICHARD EASTERLIN[3]

9

LA PARADOJA DEL MATERIALISMO

Nuestra crisis sistémica muestra que es necesario cambiar los valores que nos habían guiado hasta ahora. Pero los valores y actitudes no son fáciles de cambiar. Dependen de anhelos y presupuestos que tienen raíces profundas en nuestra vida personal y colectiva.

El fenómeno más significativo que podemos asociar directamente con el crecimiento insostenible es el consumismo. Consumir con sensatez es una actividad natural, pero hay algo claramente problemático en el consum*ismo*, es decir, en la compulsión a consumir más allá de lo que es suficiente para una vida digna y satisfactoria. Una economía orientada hacia el crecimiento ilimitado del consumo lleva a la insostenibilidad ecológica, a la vez que deteriora la cohesión social. Como ya escribiera Erich Fromm hace casi medio siglo, «el hombre contemporáneo tiene un hambre ilimitada de más y más consumo». El *homo consumens*, continúa Fromm, es el tipo humano que nunca podrá sentirse satisfecho: «para él siempre hay escasez, porque nunca tiene suficiente, independientemente de lo que llegue a tener. Además, se siente codicioso y competitivo en relación con todos los demás; por tanto, se encuentra básicamente aislado y atemorizado». Numerosos estudios más recientes muestran que las sociedades orientadas al consumo tienden a estimular el egoísmo, a minar la confianza y la cohesión social y a incrementar las desigualdades.[4]

Además de sus consecuencias ecológicas y sociales, el anhelo de un incremento ilimitado del consumo material crea inseguridad psicológica y es contraproducente para la satisfacción personal. Es la paradoja del materialismo. Para quien se halla en una situación precaria, el aumento del consumo va sin duda ligado al aumento del bienestar. Pero más allá de cierto umbral de consumo de bienes materiales, la satisfacción personal no aumenta y puede incluso empezar a declinar, ya que generalmente el incremento del consumo va acompañado del aumento del estrés y de la disminución del tiempo libre y el contacto con la familia, los amigos y la naturaleza. Este umbral puede establecerse tanto por lo que respecta al consumo de energía (unos 100 gigajulios de consumo de energía por persona y año) como de cierto nivel de ingresos. A partir de los datos de la Encuesta Mundial de Valores se puede observar que la satisfacción vital declarada tiende a aumentar a medida que los ingresos por persona y año crecen hasta alcanzar unos 15.000 dólares (el nivel que tenían a principios del siglo xxi países como España, Irlanda o Nueva Zelanda), pero a partir de este umbral la correlación desaparece.[5]

Hay datos que muestran que los ciudadanos de Estados Unidos, Gran Bretaña y Japón no son más felices que hace cincuenta años, pese a que la riqueza material se ha multiplicado. Así, los ingresos reales per cápita se han triplicado en Estados Unidos desde 1950, pero el porcentaje de ciudadanos que en las encuestas se declaran "muy felices" ha disminuido desde mediados de los años setenta. En Estados Unidos, el Indicador de Progreso Genuino llegó a su nivel máximo en 1975, cuando el PIB del país era casi la mitad del actual. Esta paradoja se ha constado en prácticamente todos los países que han visto crecer enormemente su economía y su consumo en el último medio siglo. Como señala el Dalai Lama: «la incidencia de la ansiedad, el estrés, la confusión, la indecisión y la depresión entre aquellos que tienen sus necesidades básicas aseguradas» muestra que nuestras verdaderas necesidades van mucho más allá del consumismo y el materialismo.[6]

La Tabla 2 muestra los datos de treinta países clasificados según el Índice del Planeta Feliz que elabora la New Economics Foundation.[7]

Tabla 2. Selección de países clasificados según el Índice del Planeta Feliz

País y n.° de orden	Esperanza de vida	Satisfacción vital	Huella ecológica	IPF
1. Costa Rica	78,5	8,5	2,3	76,1
2. República Dominicana	71,5	7,6	1,5	71,8
3. Jamaica	72,2	6,7	1,1	70,1
4. Guatemala	69,7	7,4	1,5	68,4
5. Vietnam	73,7	6,5	1,3	66,5
6. Colombia	72,3	7,3	1,8	66,1
7. Cuba	77,7	6,7	1,8	65,7
9. Brasil	71,7	7,6	2,4	61,0
15. Argentina	74,8	7,1	2,5	59,0
23. México	75,6	7,7	3,4	55,6
25. Ecuador	74,7	6,4	2,2	55,5
36. Venezuela	73,2	6,9	2,8	52,5
43. Países Bajos	79,2	7,7	4,4	50,6
46. Chile	78,3	6,3	3,0	49,7
69. Italia	80,3	6,9	4,8	44,0
71. Francia	80,2	7,1	4,9	43,9
74. Reino Unido	79,0	7,4	5,3	43,3
75. Japón	82,3	6,8	4,9	43,3
76. España	80,5	7,6	5,7	43,2
77. Polonia	75,2	6,5	4,0	42,8
78. Irlanda	78,4	8,1	6,3	42,6

País y n.º de orden	Esperanza de vida	Satisfacción vital	Huella ecológica	IPF
97. Grecia	78,9	6,8	5,9	37,6
98. Portugal	77,7	5,9	4,4	37,5
99. Uruguay	75,9	6,8	5,5	37,2
113. Madagascar	58,4	3,7	1,1	31,5
114. Estados Unidos	77,9	7,9	9,4	30,7
115. Nigeria	46,5	4,8	1,3	30,3
141. Botsuana	48,1	4,7	3,6	20,9
142. Tanzania	51,0	2,4	1,1	17,8
143. Zimbabue	40,9	2,8	1,1	16,6

10

PSICODINÁMICA DEL CONSUMISMO

El consumismo es un elemento esencial de la identidad contemporánea, de lo que da o parece dar sentido a la vida en nuestros días. Tiene profundas raíces psicológicas y existenciales. Tim Jackson, comisionado económico de la Comisión para el Desarrollo Sostenible británica, llega a ver el consumismo como un intento de religiosidad o de "teodicea secular", como un medio para intentar resolver cuestiones existenciales a través de medios materiales: «En una sociedad secular, el consumo puede llegar convertirse en un sustituto del consuelo religioso [...]. Es casi como si la gente intentara arrinconar sus problemas de angustia existencial yendo a comprar». Ello implica que no basta con demostrar la irracionalidad o la insostenibilidad del consumismo, ni basta con divulgar mensajes bienintencionados y ejemplos de buenas prácticas. Es también necesario tener en cuenta la raíz del problema.[8]

Los estudios sobre el consumismo, desde todo tipo de perspectivas, tienden a ver la raíz de la necesidad moderna de consumir compulsivamente en una cuestión de identidad. Como señalan Yiannis Gabriel y Tim Lang, «la identidad es la Roma a la que van a parar todos los estudios sobre el consumo occidental moderno, ya sean obra de críticos marxistas o ejecutivos de la publicidad, deconstruccionistas o reformadores liberales, defensores del multiculturalismo o feministas radicales». La sed de consumo va ligada a la necesidad contemporánea de una «continua reinvención del yo». Y sólo podrá cambiar si se transforma también la identidad contemporánea.[9]

Nuestra sociedad utiliza muchos más recursos de los que haya usado nunca otra cultura, y sin embargo no consigue un nivel de satisfacción y plenitud claramente superior. A pesar de todos los avances y maravillas del mundo moderno, existe un enorme abanico de obras que muestran un tipo particular de insatisfacción en la psique contemporánea. Como afirmaba Christopher Lasch hace más de treinta años, la publicidad promueve el consumismo como camino de satisfacción, pero «crea nuevas formas de insatisfacción propias de la era moderna». La insatisfacción contemporánea se manifiesta, por ejemplo, en la sensación de que no tenemos tiempo suficiente y de que nuestras obligaciones nos desbordan, así como en la enorme incidencia clínica en los últimos decenios de psicopatologías como la depresión. A partir del análisis de 269 estudios suficientemente homogéneos que recogen datos de más de 52.000 personas, la psicóloga Jean Twenge ha demostrado un enorme crecimiento de la ansiedad en Estados Unidos entre 1952 y 1993, hasta el punto de que «a finales de los años ochenta del siglo XX el niño norteamericano medio tenía más ansiedad que los pacientes psiquiátricos infantiles de los años cincuenta».[10]

En la sociedad de consumo moderna, la identidad humana se vincula cada vez más a todo un abanico de objetos producidos en masa y a todo el imaginario que los rodea, enormemente influido por los medios de comunicación y, sobre todo, por la publicidad. Los objetos y las experiencias de consumo son, en buena medida, adquiridos para fortalecer nuestra imagen ante los demás y para reafirmar nuestro sentido de identidad. No los adquirimos tanto por lo que dicen en sí mismos como por lo que dicen sobre nosotros. Si bien este fenómeno tiene precedentes en otras sociedades, nunca se había dado a esta escala y nunca había definido tan a fondo la identidad humana. Pero este modelo de identidad que ha seducido al mundo (y que se reflejaba claramente en series televisivas de hace dos décadas como *Dallas* o *Falcon Crest*) es incompatible con la sostenibilidad. También es incompatible con la plenitud humana.

11

La primera revolución del consumo

En la Inglaterra de los siglos xvii y xviii se produjo una transformación cultural sin precedentes que ha sido descrita como «la revolución del consumo». Durante décadas, los economistas han intentado explicar esta revolución a partir de cambios en los medios de producción (como el aumento del poder de las máquinas en los inicios de la Revolución Industrial). Pero más recientemente se ha tenido que reconocer que «la revolución del consumo» no se hubiera producido sin una transformación en el lado de la demanda: empezó a manifestarse una «tendencia creciente a consumir». Hasta entonces, lo habitual había sido guardar los excedentes de producción para cuando llegaran tiempos difíciles o hubiera que afrontar gastos inesperados. Sólo el consumidor contemporáneo, el agente del consumismo propiamente dicho, gasta a corto plazo el dinero que gana (o que pide prestado) en la obtención de nuevas posesiones y experiencias. Lo que caracteriza a la sociedad de consumo es precisamente la incesante sed de nuevas posesiones y experiencias.[11]

Ya en la Inglaterra del siglo XVII se dispara la demanda de objetos no esenciales, como espejos, botones, broches, juguetes, títeres, juegos de cartas y palillos. También se dispara, entre las clases más adineradas, el consumo de productos de belleza y ropa de moda. El rápido cambio de las modas es una de las características más notables de la sociedad de consumo: la ropa de moda no se lleva tanto por su utilidad y belleza intrínseca como por la necesidad psicológica de mostrar que se está en sintonía con las "novedades" y con "la última moda". Se trata de un fenómeno que surge en la Europa moderna. Nuevas formas de vestir han aparecido una y otra vez en la historia, pero una vez adoptadas podían mantenerse durante muchas generaciones. En cambio, en la Inglaterra del siglo XVIII ya encontramos modas de caducidad anual. (La moda, escribirá Oscar Wilde en 1887, «es generalmente una forma de fealdad tan intolerable que tenemos que cambiarla cada seis meses».) Así, sabemos que en 1753 estaba de moda en Inglaterra el color púrpura, en 1757 tocaba llevar lino blanco con dibujos en rosa, en 1776 el *couleur de Noisette* y en 1777 el gris paloma. La irrupción de nuevas modas tenía su epicentro en Londres e iba esparciéndose progresivamente por el resto del país. En ausencia de medios de comunicación de masas, las nuevas tendencias sólo podían propagarse por observación directa, y por lo visto la distancia de cualquier población a Londres podía calcularse observando hasta qué punto se había implantado ya la última moda.[12]

Parece obvio que la revolución del consumo en la Inglaterra de hace tres siglos no puede explicarse exclusivamente a partir de elementos demográficos, económicos o tecnológicos. Surgió también un cambio de actitud, una nueva motivación tras el comportamiento del consumidor. En este sentido, la revolución en la actitud hacia el consumo puede considerarse como el motor psicológico que impulsó la Revolución Industrial.[13]

12

El vértigo de la identidad atomizada

El ser humano contemporáneo se siente solo porque se ha exiliado del cosmos. El yo moderno tiene una necesidad interior de *expansión*, a fin de compensar el vértigo de su vacío interior; de *competición*, porque se siente insatisfecho, y de *control*, porque se siente atemorizado. (La expansión, la competición y el control constituyen los tres vértices del "triángulo del poder" con el que habíamos intentado dominar el mundo.) Carl Jung cita con plena aprobación estas palabras de Ochwiay Biano, indígena de Nuevo México: «Los blancos tienen caras tensas, miradas fijas y una conducta cruel [...]. Están siempre incómodos e inquietos. No sabemos qué quieren. Creemos que están locos».[14]

La identidad contemporánea se caracteriza por estar, más que en ninguna otra cultura de la que tengamos noticia, escindida de la naturaleza, de la sociedad y del cosmos. Esta desconexión de la naturaleza, de la comunidad y del cosmos genera una identidad aislada, atomizada, y una sensación (generalizada, pero en gran medida inconsciente) de desarraigo, de falta de fundamento.[15]

En realidad, un "individuo" es una abstracción. Niels Bohr afirmaba que en el mundo subatómico no existen partículas aisladas. Del mismo modo, la persona como individuo independiente no existe: cada persona, tu y yo, es sólo concebible en relación con su mundo («yo soy yo y mi circunstancia», decía Ortega), en relación con los múltiples contextos a través de los cuales fluye una vida. «No soy nada sin ti, mundo», escribe Jorge Guillén.

El filósofo norteamericano David Loy ve en el núcleo de la existencia humana una sensación de carencia (*lack*), basada en la percepción de que no sólo somos seres incompletos, sino que en el fondo no hay una base sólida y real para lo que denominamos “yo”: «Nuestra represión primordial no radica en los deseos sexuales (como creía Freud) ni en el miedo a la muerte (como piensan muchos psicólogos existenciales), sino en la fundamentada sospecha de que *“yo” no soy real*». Loy parte de una síntesis entre la psicología tradicional budista y la psicología existencial moderna. Su enfoque se centra más en la condición humana en general, pero parece evidente que esta sensación de carencia es mucho más acusada en el ser humano moderno. Hace más de medio siglo el psiquiatra Viktor Frankl señalaba en su obra clave, *El hombre en busca de sentido*, que «el vacío existencial es un fenómeno generalizado del siglo xx». Existe un amplio consenso sobre el hecho de que la identidad humana contemporánea es claramente distinta de la identidad que las personas han sentido en otras épocas y culturas.[16]

El desarraigo existencial del ser humano moderno también se manifiesta en su percepción del mundo. A medida que el ser humano se aísla y se desvincula de su entorno, el mundo aparece falto de relaciones y de encanto, privado de valor intrínseco. La atomización de la identidad moderna es paralela al proceso que el sociólogo Max Weber describió como «desencantamiento del mundo». El sociólogo George Ritzer ha analizado el consumismo contemporáneo precisamente como un intento de reencantar un mundo que ha perdido su encanto. Una cultura de individuos aislados que se sienten escindidios de un mundo inerte y desencantado no puede ser sostenible.[17]

13

EL CONSUMO COMO CONSUELO

La identidad contemporánea intenta llenar su vacío interior con el consumo de bienes materiales. El núcleo del consumismo es el afán de dar sentido a un mundo que parece no tenerlo, de reencantar un mundo desencantado, de llenar con objetos y fantasías el vacío existencial que, bajo las relucientes apariencias, impregna el mundo contemporáneo. Este vacío interior se intenta llenar simbólicamente con novedades de consumo, tanto a través de la nueva experiencia vital que proporcionan como a través del estatus social que otorgan.[18]

El sociólogo Thorstein Veblen estudió cómo la ostentación y la comparación social están en la raíz del consumismo. Lo que Veblen denominaba «consumo ostentoso» se basa en hacer saber a los demás que poseemos lo que ellos no tienen, o que ya tenemos lo que pensaban que no teníamos. Por ello es esencial la continua aparición de novedades (nuevas modas, nuevos productos y nuevas actividades) que sirven de instrumentos para reforzar la propia identidad y para establecer comparaciones sociales. El consumo de nuevos bienes materiales refuerza temporalmente la imagen del yo y la autoestima, pero a largo plazo genera insatisfacción, ansiedad y falta de sentido. Se trata de un proceso adictivo de insatisfacción perpetua que puede visualizarse como un círculo vicioso (véase la Figura 5). Desde hace algunos decenios, los psiquiatras incluyen como psicopatología la "compra compulsiva", manifestación extrema del consumismo que impregna la cultura contemporánea.[19]

El consumismo estimula el narcisismo, haciendo que cada individuo dependa de los otros a fin de validar su autoestima. Para la identidad narcisista, el mundo se convierte en una especie de espejo en el que ver cómo se refleja la propia imagen. Es un mundo sin valor intrínseco. Pero al aislarse del mundo, la identidad narcisista no puede dejar de sentirse escindida y atomizada –y necesitada del consuelo que promete el consumismo.[20]

Este proceso es la contrapartida psicológica de un sistema económico que necesita expandir ilimitadamente la producción. La publicidad se encarga de incitar a los consumidores para que nunca tengan suficiente. La publicidad estimula el consumo competitivo y las comparaciones sociales, alimentando una maquinaria psicosocial que acentúa las desigualdades y fomenta la insostenibilidad.[21]

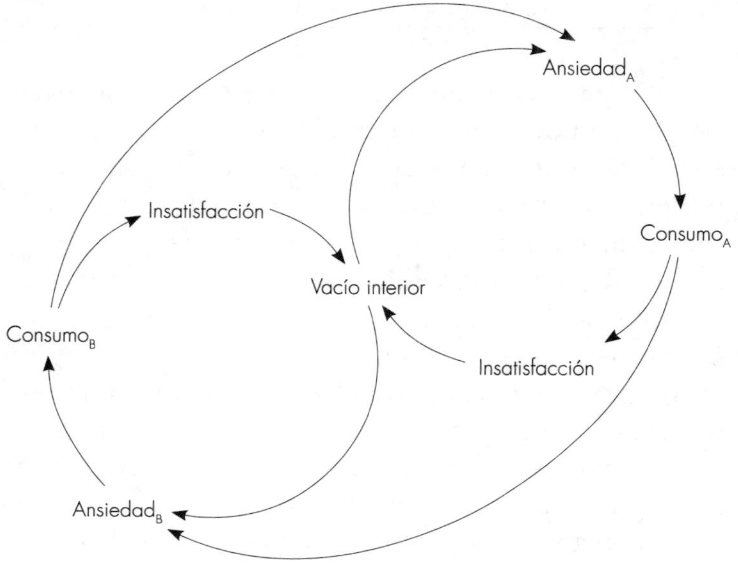

Figura 5. El círculo vicioso del consumo competitivo.

*El grupo A es un grupo social pionero en el consumo de determinados productos o servicios, y el grupo B es el segmento social (gran parte del resto de la sociedad) que siente la necesidad de emularlo. Los individuos del grupo A creen poder llenar su vacío interior (**ansiedad$_A$**) con el consumo ostentoso (**consumo$_A$**) de* nuevas *posesiones y experiencias (un flamante 4x4, por ejemplo) que les hacen sentir en una posición social destacada. Pero este consumo nunca es suficientemente satisfactorio y vuelve a impulsar una y otra vez la ansiedad$_A$. Al mismo tiempo, este consumo ostentoso genera envidia y ansiedad en el grupo B (**ansiedad$_B$**), que se satisface con productos de consumo semejantes (**consumo$_B$**). Este consumo tampoco aporta verdadera satisfacción y, a la vez, impulsa al grupo A a pasar a nuevos productos de consumo para volver a sentirse en una posición social destacada. La fricción de los engranajes de este círculo vicioso contra el mundo real hace saltar chispas que alteran el clima y aceleran la insostenibilidad.*

14

Abundancia original y economía solidaria

La sensación contemporánea de no tener nunca suficiente, esencial para hacer girar la rueda del consumo competitivo, es insólita desde la perspectiva de las culturas tradicionales. Lo habitual entre los pueblos cazadores-recolectores es dejar de cazar, pescar o recoger frutos cuando hay un mínimo de abundancia, en lugar de esforzarse por acumular más y más. Paradójicamente, la percepción de escasez, la creencia de que el mundo es un lugar en el que debemos competir por unos recursos limitados, empieza a manifestarse con fuerza en el origen de la Edad Moderna. Parece ligada a la sensación de desarraigo del individuo atomizado, escindido de la sociedad, de la naturaleza y del cosmos, que para compensar sus carencias busca poder, expansión y autoafirmación.[22]

Estamos empezando, por fin, a redescubrir la sabiduría ancestral de los pueblos indígenas. A partir de estudios como los de Marshall Sahlins sobre comunidades de cazadores-recolectores, se ha visto que las sociedades indígenas, en condiciones normales (cuando no están sometidas a la codicia de conquistadores, colonos y multinacionales), pueden satisfacer las necesidades de todos los miembros de la comunidad con una jornada de trabajo de entre sólo tres y cinco horas. Dos investigadores, Frederick McCarthy y Margaret McArthur, estuvieron estudiando comunidades aborígenes de la Tierra de Arnhem, en el norte de Australia, y contabilizando todo el tiempo que dedicaban a actividades que nosotros asociaríamos con el trabajo y la economía: recolectar plantas, cazar, preparar comidas, construir cabañas y reparar armas y herramientas. El resultado fue que los hombres trabajaban una media de 3 horas y 44 minutos al día, mientras que las mujeres trabajaban una media de 3 horas y 50 minutos. Si los hombres no iban de cacería, normalmente dormían entre una hora y hora y media después de comer. De manera similar, Richard Lee estableció que los !Kung trabajaban aproximadamente 15 horas por semana. Según Lee, «una mujer recoge en un día suficiente comida para alimentar a su familia durante tres días, y pasa el resto del tiempo descansando en el campamento, tejiendo, visitando otros campamentos o recibiendo visitas de otros campamentos [...]. A menudo un hombre puede pasar toda una semana cazando y después estar sin ir a cazar dos o tres semanas. En estos períodos, realizar y recibir visitas y especialmente danzar son las actividades principales de los hombres». Según Sahlins, «se puede argumentar de manera convincente que los cazadores y recolectores trabajan menos que nosotros, y que su búsqueda de alimentos es intermitente en vez de un esfuerzo continuo, su tiempo libre es abundante y en conjunto pueden dormir más durante el día que en cualquier otro tipo de sociedad».[23]

Los pueblos indígenas no entienden el concepto de propiedad privada de la tierra, el agua o los recursos. Se sienten parte de la tierra, a la que algunos de ellos no dudan en llamar "madre", y les parece una aberración que la tierra se pueda comprar, vender o heredar de manera individual. La clave de su forma de economía es el hecho de que no anhelan un crecimiento ilimitado de su consumo y se sienten felices con lo que tienen. Les parecería un disparate la idea del crecimiento material ilimitado. Son ajenos a la idea de competir y de producir el máximo posible. Su economía está orientada a la cooperación y la subsistencia, a compartir y celebrar. Cuando la naturaleza les ofrece más caza, pesca o frutos de los que necesitan, no los acumulan, sino que generalmente lo celebran con una gran fiesta.

Esta actitud sorprendió enormemente a los colonos europeos. Tabeau, un comerciante francés que quería negociar con los arikara de América del Norte a principios del siglo XIX, afirmaba contrariado que los nativos «no entienden nuestra idea de adquirir más allá de lo que es necesario», y que para ellos es una regla que «quien tiene debe compartir con quien no tiene». Jules Crévaux, que recorrió el río Putumayo en 1879, se quejaba de que los indígenas, «una vez que han cambiado su hacha de piedra por un cuchillo o machete, encuentran la relación con el hombre blanco insoportable y vuelven a la selva. El problema para civilizar a los indios de América del Sur es que no tienen ambición. El indio que tiene un cuchillo no dará nada, absolutamente nada, para tener otro».[24]

15

NATURALEZA ⟷ CULTURA

Nuestra crisis sistémica está vinculada con el hecho de que en Occidente hemos separado radicalmente la cultura y la naturaleza. Desde la perspectiva de otras culturas, se trata de un hecho peculiar, como también lo es el tipo de identidad individual que en los últimos siglos hemos considerado normal. A diferencia del individuo aislado del mundo de hoy, en las culturas premodernas, y especialmente en las culturas indígenas, el sentido del "yo" es mucho más relacional. Como sintetiza Marshall Sahlins, «los informes etnográficos hablan del "yo transpersonal" (nativos norteamericanos), del yo como "lugar de encuentro de relaciones sociales compartidas o biografías compartidas" (Islas Carolinas), de las personas como "espacio plural y compuesto de las relaciones que las producen" (altiplanos de Nueva Guinea)»; y, en general, de la persona individual como «lugar de encuentro de múltiples otros "yos" con los que se está unido por relaciones mutuas de existencia». Estas relaciones de solidaridad no se limitan al parentesco genealógico: incluyen lazos basados en un «lugar de residencia común, historia común, derechos de uso de la tierra comunes, intercambio de regalos, donación de alimentos y memorias compartidas, entre otras formas de constituir una mutualidad de ser».[25]

Lejos de tales formas de mutualidad, el yo moderno tiende a pensar que el ser humano es por naturaleza codicioso y competitivo (no conoce otra forma de estar en el mundo), que el altruismo es una ficción y que todos nos movemos en el fondo por egoísmo. Como señala Sahlins, la visión de la naturaleza humana como intrínsecamente codiciosa y agresiva es peculiar de Occidente (de manera ocasional la podemos encontrar en pensadores de otros contextos culturales, como el chino Sun Zi, pero sin que haya llegado a integrarse plenamente en la visión del mundo de aquella cultura). Desde la identidad relacional que encontramos en el registro antropológico de la gran mayoría de las culturas humanas, la codicia y el egoísmo no se consideran algo natural sino patológico.[26] (Keynes estaría de acuerdo: ya en 1932 el gran economista imaginaba un futuro en el que el afán de lucro y la codicia serían considerados «inclinaciones semipatológicas» que deberán ser tratadas por «especialistas en enfermedades mentales».)

Lo habitual en casi todas las culturas humanas no es considerar que los humanos somos bestiales, sino que los animales son humanos, en el sentido de que tienen inteligencia, sensibilidad e intencionalidad. Sahlins concluye que «nada hay en la naturaleza que sea tan perverso como nuestra idea de la naturaleza humana», idea que sólo es un fruto agrio «de nuestra imaginación». La concepción de la naturaleza humana como "contaminada" por el pecado original y separada del resto del cosmos parece estar en la raíz de los conflictos que tenemos con la naturaleza, con los demás y con nosotros mismos.[27]

16

¿ARRIBA, ADELANTE? AQUÍ

Albert Camus ya señalaba la "hostilidad" de la mayor parte de las corrientes de pensamiento europeo de los últimos dos mil años «respecto a la naturaleza, considerada por ellas no como un objeto a contemplar, sino a transformar. Para los cristianos, como para los marxistas, hay que dominar la naturaleza [...]. El amor antiguo al cosmos es ignorado por los primeros cristianos, los cuales, por otro lado, esperaban con impaciencia un fin del mundo inminente». La cultura occidental ha considerado durante la mayor parte de su historia que la vida verdadera no radica en este mundo, sino en un cielo ideal. Una expresión del misal de la liturgia católica que perduró hasta el Concilio Vaticano II pedía explícitamente que aprendamos a «despreciar las cosas de la tierra y amar las del cielo» (*terrena despicere et amare caelestia*). Una manifestación de este anhelo se encuentra en unos conocidos versos de santa Teresa de Ávila:[28]

> Aquella vida de arriba
> es la vida verdadera;
> hasta que esta vida muera,
> no se goza estando viva.

Muchas de las grandes religiones han devaluado el mundo, aborreciendo en particular la naturaleza (que encarna el devenir con sus continuos ciclos de nacimiento y muerte), la sexualidad y la feminidad. La tradición judeocristiana ha contribuido sin duda a este proceso, pero también lo ha hecho, de otro modo, la otra gran raíz de la cultura occidental, Atenas. Desde Platón y Aristóteles, y aún más desde finales de la Antigüedad clásica, en la cultura occidental hay una clara contraposición entre la perfección que se observa en el cielo y la percepción de la Tierra como un ámbito de decadencia y corrupción. Se creyó durante casi dos milenios que el cielo era un ámbito ideal donde los planetas se movían en órbitas perfectamente circulares, sin verse afectados por las imperfecciones del mundo terrenal.

Este enfoque ha dejado su huella en los textos clave que han alumbrado el desarrollo de la cultura moderna. Giovanni Pico della Mirandola, una de las voces más contundentes de la mentalidad renacentista, escribe en su famoso *Discurso sobre la dignidad del hombre* (1486): «Despreciemos las cosas de la Tierra (*dedignemur terrestria*) [...] y, dejando atrás todas las cosas de este mundo, apresurémonos [...]». Para él la dignidad humana radica en el poder de la razón y de la voluntad, que nos permiten elevarnos lejos de la naturaleza y de la Tierra. El desprecio por la Tierra queda también patente en uno de los grandes documentos intelectuales de la idea de progreso, el *Esbozo de un cuadro histórico de los progresos del espíritu humano* que escribe Condorcet en 1794. Al principio de este texto, Condorcet elogia la capacidad humana de progreso a la vez que despectivamente se refiere a la Tierra como el «globo en el que la naturaleza nos ha arrojado» (*globe où la nature nous a jetés*).[29]

Aquel cielo que antes se buscaba en las alturas ha pasado ahora a ubicarse en el futuro. El anhelo de la mirada occidental dejó de dirigirse hacia arriba y empezó a mirar adelante, hacia el paraíso que habría de traernos el crecimiento económico, el progreso tecnológico, el desarrollo material. Pero ese anhelo de futuro atropella el presente. Las abstracciones macroeconómicas crecen a expensas de los ecosistemas y de las comunidades humanas. Chocamos contra los límites del planeta, y ello nos obliga a reconocer que el mundo existe, que somos parte de la Tierra. El paraíso está aquí, en un mundo a escala humana, sostenible y solidario.

17

Hacia el postmaterialismo

El sociólogo norteamericano Ronald Inglehart ha estado analizando en los últimos cuarenta años una enorme cantidad de datos que revelan una transformación de los valores de los ciudadanos en las sociedades postindustriales (entendiendo por "postindustriales" las sociedades, como la nuestra, en las que hay más personas dedicadas al sector servicios que al sector industrial). A partir de los datos de la Encuesta Mundial de Valores, Inglehart constata que desde 1970 han ido perdiendo peso los valores *materialistas* (ligados a la posesión y el consumo de bienes materiales) al tiempo que van al alza los valores *postmaterialistas.* Inglehart y su colaborador Christian Welzel definen los valores postmaterialistas como aquellos que «dan prioridad a la libertad individual por encima de la disciplina colectiva, a la diversidad humana por encima de la conformidad al grupo, y a la autonomía cívica por encima de la autoridad del Estado». Esta evolución, argumentan Inglehart y Welzel, está «cambiando las orientaciones hacia la autoridad, la política, los roles de género y las normas sexuales entre los ciudadanos de las sociedades postindustriales».[30]

Los valores postmaterialistas ponen el énfasis en la calidad de vida (en lugar de en el "nivel" de vida definido en términos materiales) y van unidos a lo que Inglehart llama «autoexpresión» (*self-expression*). A diferencia de los ciudadanos que se guían por valores materialistas, los que se orientan en función de valores postmaterialistas buscan una mayor autonomía y libertad para expresarse y autorrealizarse, y tienden a actuar no en función de la autoridad externa sino siguiendo libremente sus opciones personales. Los ciudadanos postmaterialistas también tienen una conciencia ecológica y social más desarrollada: Inglehart y Welzel constatan que los postmaterialistas tienden a preocuparse no sólo por sí mismos, sino por el bien común y por la autonomía y los derechos de los demás, a la vez que son «mucho más sensibles a los riesgos ambientales».[31]

En encuestas realizadas anualmente por todo el mundo a partir de 1970, Inglehart utiliza una escala de materialismo-postmaterialismo basada en las respuestas a una batería de preguntas. Inicialmente se planteaba a los ciudadanos que escogieran, entre las cuatro afirmaciones siguientes, las dos que consideraran más relevantes o prioritarias para la sociedad:

1. Mantener el orden en el país.
2. Dar a la gente más oportunidades de participar en las decisiones políticas importantes.
3. Luchar contra la subida de precios.
4. Proteger la libertad de expresión.

Se consideran materialistas los ciudadanos que tienden a escoger los ítems 1 y 3, y postmaterialistas los que tienden a escoger los ítems 2 y 4. Desde 1973, Inglehart y sus colegas utilizan dos series más de cuatro afirmaciones. Aquí los ítems 5, 6, 9 y 11 son materialistas, y los ítems 7, 8, 10 y 12 son postmaterialistas:

5. Mantener un alto nivel de crecimiento económico.
6. Procurar que el país tenga unas Fuerzas Armadas poderosas.
7. Dar a la gente más oportunidades de participar en las decisiones que tienen relación con su trabajo y su comunidad.
8. Procurar que nuestras ciudades y el campo sean más bellos.

9. Mantener una economía estable.
10. Conseguir una sociedad menos impersonal y más humana.
11. Luchar contra la delincuencia.
12. Progresar hacia una sociedad en la que las ideas sean más importantes que el dinero.

La conciencia social y ecológica que va de la mano con el postmaterialismo se refleja en el hecho de que (según encuestas realizadas por la Encuesta Mundial de los Valores en sesenta y cinco países) los ciudadanos que se inclinan por los valores postmaterialistas también tienen una clara tendencia a estar de acuerdo con afirmaciones como las siguientes: «el encuestado recicla para proteger el medio ambiente», «el encuestado participa en encuentros o firma peticiones para proteger el medio ambiente», «los hombres no son mejores líderes políticos que las mujeres», «no es necesario que una mujer tenga hijos para sentirse realizada», «el encuestado acepta a forasteros, homosexuales y personas con sida como vecinos», así como «el encuestado no pone mucho énfasis en el desarrollo de la tecnología».[32]

La constelación de los valores postmaterialistas incluye también la tendencia hacia una mayor participación política y ciudadana, la solidaridad, la tolerancia, el trabajo con sentido, la paz, la apertura a nuevas ideas y la autorrealización. De hecho, el propósito original de Inglehart era validar y profundizar sociológicamente en la escala de necesidades de Maslow, según la cual a medida que nuestras necesidades básicas (alimentación, vivienda, seguridad) se ven satisfechas, nuestros deseos se orientan hacia necesidades más intangibles, como la necesidad de aceptación, de reconocimiento y de autoestima, y finalmente tienden a orientarse hacia ser propiamente nosotros mismos, descubriendo nuestra vocación y desarrollándola con creatividad y entrega.[33]

Inglehart y Welzel muestran que los valores determinan las instituciones políticas (y no al revés). Por ejemplo, constatan que puede preverse la llegada de la democracia a una sociedad (o su profundización) en función de hasta qué punto han arraigado los valores postmaterialistas. También tienden a considerar, por otra parte, que la emergencia de esta constelación de valores es consecuencia del desarrollo socioeconómico. La sociología, como tantas otras disciplinas, no ha sido inmune a la influencia del economicismo, la visión del mundo que consideraba la economía como el elemento clave de la sociedad. Pero cabe reconocer que todo desarrollo socioeconómico se origina en nuevas aspiraciones que emergen de la mente humana. De hecho, los valores postmaterialistas tienen su raíz en aspiraciones culturales muy anteriores a las sociedades postindustriales, como por ejemplo los ideales de la

Revolución Francesa, el anhelo de libertad personal y colectiva que está en la base de la cultura moderna y la aspiración a la solidaridad universal que podemos encontrar en el budismo y en otras tradiciones milenarias.

Como los mismos Inglehart y Welzel señalan, «los humanos tenemos una necesidad inherente de expresarnos». La psicología de Maslow muestra que existe una tendencia innata («biológica», según Maslow, en el sentido de que se desarrolla de manera natural y espontánea) hacia el desarrollo de una vida más plena basada en aspiraciones cada vez menos ligadas a la seguridad personal y más vinculadas al bien común. Como constata Maslow, la tendencia hacia una conciencia menos egoísta emerge de manera espontánea cuando se consiguen unas condiciones mínimas de bienestar. Si estas condiciones de pronto dejan de darse, dicha conciencia podría retroceder hacia el egoísmo, pero su tendencia general es la de mantener la evolución hacia el altruismo y la solidaridad. Lo mismo puede aplicarse al ámbito de la sociedad. Unas buenas condiciones socioeconómicas favorecen la evolución hacia valores postmaterialistas, pero cuando estas condiciones retroceden (por ejemplo, con una crisis económica suficientemente grave) dichos valores no tienen porqué desaparecer.[34]

La psicología, la neurología, la antropología y la primatología muestran cada vez más que el altruismo, la empatía y la solidaridad son algo natural en los humanos (y, en gran medida, en el conjunto de los primates). El crecimiento de la participación y la solidaridad también parece manifestarse en los centenares de miles de asociaciones y ONG surgidas en las últimas décadas que trabajan por un mundo más justo y sostenible, así como en iniciativas como la banca ética, el comercio justo, los bancos de tiempo y las cooperativas de consumo ecológico. El informe de 2010 del Worldwatch Institute documenta un abanico de buenas prácticas de transformación hacia una sociedad más solidaria y sostenible en seis ámbitos: las tradiciones culturales y religiosas, la educación, las empresas, los gobiernos, los medios de comunicación y los movimientos sociales. Está queriendo nacer un cambio de sensibilidad, que a menudo aún pasa desapercibido bajo el ruido de la violencia y las injusticias contemporáneas.[35]

El crecimiento económico que ha coincidido en los últimos decenios con el surgimiento de los valores postmaterialistas choca ahora contra los límites biofísicos del planeta. Pero el desarrollo de la ética y de la conciencia pueden continuar. Lo que hay que oponer al crecimiento material ilimitado no es el decrecimiento material ilimitado, sino el crecimiento *inmaterial* ilimitado, el crecimiento en los valores intangibles que nos hacen propiamente humanos.

III. VALORES PARA UN MUNDO EN TRANSFORMACIÓN

No preguntes qué necesita el mundo. Pregunta qué es lo que te hace sentir vivo y actuar con ilusión. Porque lo que el mundo necesita es gente que actúe con ilusión.

HOWARD THURMAN

El universo no es una colección de objetos sino una comunidad de sujetos.

THOMAS BERRY

La humanidad está bajo una gran presión que nos obliga a evolucionar porque es nuestra única oportunidad de sobrevivir como especie. [Hay una] conciencia superior que quiere nacer en este mundo.

ECKHART TOLLE[1]

18

GLOBAL, PERSONAL, SOCIAL

Nuestra encrucijada actual nos pide reorientar todos los ámbitos de la sociedad, la cultura y la economía hacia un mundo sostenible y solidario en el que la vida humana tenga pleno sentido. Para contribuir a visualizar este nuevo horizonte de plenitud personal y equilibrio planetario, he intentado sintetizar (a partir de trabajos destacados de ecología, psicología, sociología y filosofía) cuáles son sus valores clave, los que mejor pueden servirnos para orientar hacia la sostenibilidad nuestras prioridades, acciones y decisiones personales y colectivas.

Los valores que necesitamos son, precisamente, los valores de la conciencia ecológica emergente. Podemos ilustrarlos con una rueda que muestra en su anillo central seis valores clave agrupados en tres grandes ámbitos: global, social y personal (véase Figura 6). Como un instrumento de GPS, puede ayudar a guiar nuestro rumbo a través de este mundo en rápida transformación.

En el ámbito *global* destaco la *conciencia planetaria* y lo que denomino *revalorizar el mundo*, es decir, redescubrir el mundo, no como un simple almacén de materias primas sin otro valor que el provecho económico que podamos extraer de ellas, sino como un prodigio de complejidad y equilibrio

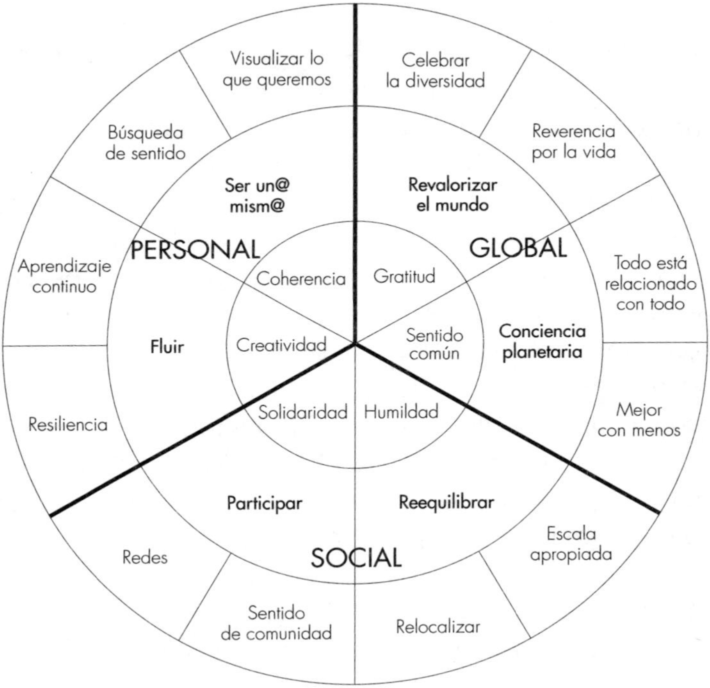

Figura 6. GPS: Global, Personal, Social

que tiene valor intrínseco y posibilita la continuidad de nuestra existencia. En el ámbito *social* destaco dos tendencias que nos guían hacia un mundo sostenible: *reequilibrar* y *participar*. En el ámbito *personal* resalto otros dos valores que contribuyen tanto al bienestar individual como al bien común: *fluir* y *autorrealizarse* o *ser un@ mism@*.

Cada uno de estos seis valores clave puede a su vez subdividirse en dos valores más específicos (anillo exterior) y vincularse a un valor tradicionalmente reconocido como ideal de acción humana (anillo interior).

Necesitamos ***revalorizar el mundo***. Ello va ligado a *celebrar la diversidad*, a *la reverencia por la vida* y a un valor tradicional como es la gratitud.

En el caso de la ***conciencia planetaria***, los valores específicos son la conciencia de que *todo está relacionado con todo* (conciencia de la *interdependencia*, podríamos decir también) y el vivir *mejor con menos*, es decir, la autolimitación en el consumo para disfrutar de una vida mejor nosotros mismos y permitir una vida mejor también para los otros humanos y el resto de especies. Podemos asociar la conciencia planetaria con el *sentido común* y también con la *sabiduría*.

Reequilibrar requiere la conciencia de que existe una *escala apropiada* para cada cosa y cada actividad, y de que tiene sentido *relocalizar* muchas de nuestras actividades, como hace el abanico de propuestas que redescubren el valor de lo *slow*, *local* y *rural*. El valor tradicional que aquí anida es la *humildad*.

Por lo que se refiere a ***participar***, dos aspectos destacables son el *sentido de comunidad* y crear *redes*, vehículos de la *solidaridad*.

La *resiliencia* y el *aprendizaje continuo* son dos aspectos clave del saber ***fluir***, que también se manifiesta en la *creatividad*.

Ser un@ mism@ comprende la *búsqueda de sentido* en nuestra vida y en nuestro trabajo, así como lo que Donella Meadows denominaba *visioning*, es decir, *visualizar lo que queremos*. Podemos relacionarlo con la integridad, la honestidad y la *coherencia*.

De hecho, podemos ver estos valores como antídotos de los que nos han llevado a la insostenibilidad, es decir, los tres valores que hemos identificado anteriormente (§12) como elementos del "triángulo del poder": la expansión, la competición y el control. Así, la conciencia planetaria y el reequilibrar contrarrestan la expansión; la participación contrarresta la competición, y la actitud basada en el fluir contrarresta la actitud basada en el control. Por su parte, revalorar el mundo y ser un@mism@ son antídotos generales contra los valores obsoletos que nos han llevado a la insostenibilidad y la insatisfacción. Schumacher escribía que «el cultivo y la expansión de las necesidades es la antítesis de la sabiduría». El conjunto de los valores que a continuación exploramos puede guiarnos hacia una sociedad más sana, sabia y sostenible.[2]

En la edición del 30 aniversario de *Los límites del crecimiento*, Donella Meadows, Jørgen Randers y Dennis Meadows mencionan cinco "herramientas" que consideran esenciales para nuestra situación actual y, en general, «esenciales para cualquier sociedad que quiera sobrevivir a largo plazo». Reconocen que estas herramientas «no salen fácilmente de la boca de los procesadores de textos o de los científicos. Se consideran demasiado "poco científicas" para ser tomadas en serio en la cínica arena pública». Y sin embargo se atreven a hablar de ellas. Se trata de cinco valores que tienen su equivalente en algunos de los que a continuación exploramos. Ellos hablan de *visioning* (visualizar lo que queremos), *networking* (crear redes), *truth-telling* (decir la verdad: coherencia), *learning* (aprendizaje continuo) y *loving* (amar, que aquí está presente en lo que denominamos revalorizar el mundo, reverencia por la vida y celebrar la diversidad).[3]

19

REVALORIZAR EL MUNDO

Nuestra cultura ha devaluado el mundo, reduciéndolo a un objeto para nuestro uso. Como ya afirmaba Albert Camus, «la naturaleza que deja de ser objeto de contemplación y admiración ya no puede ser después sino la materia de una acción que aspira a transformarla». Necesitamos reconciliarnos con el mundo, redescubrir la naturaleza como algo que tiene valor en sí mismo y desarrollar una actitud de celebración de diversidad y de reverencia por la naturaleza y por la vida.[4]

El sentimiento de asombro o fascinación por el mundo ha sido elogiado por las mejores mentes de Occidente, desde Platón y Aristóteles hasta Albert Einstein. Cuanto más autorrealizada se siente una persona, más tiende a percibir el mundo como un lugar asombroso y lleno de sentido. Según Einstein, «la experiencia más bella que podemos tener es la de lo misterioso. Se trata de un sentimiento fundamental que encontramos en la fuente del arte y de la ciencia verdaderos. Quien no lo conoce no puede ya maravillarse ni admirarse de nada, es como si estuviera muerto, y sus ojos están apagados».[5]

Pero Einstein también era consciente de que esta fascinación difícilmente puede ser cultivada en «la época actual, predominantemente materialista». De hecho, en los últimos siglos este sentimiento de admiración por el mundo se había ido apagando. Joan Maragall insinuaba que una sociedad menos infantil, más madura y consciente, redescubriría un día la fascinación por la naturaleza: «Es muy cierto que el gran milagro es la naturaleza misma; pero el hombre todavía es demasiado niño para darse cuenta».[6]

Podríamos también aprender de la naturaleza, como hoy hacen las tecnologías basadas en la *biomímesis* y como tradicionalmente han hecho muchas personas que aspiraban a la sabiduría. En una famosa carta, san Bernardo de Claraval escribía: «Créeme, he descubierto que encontrarás mucho más en los bosques que en los libros; los árboles y las piedras te enseñarán lo que nunca aprenderías de ningún maestro». Podemos aprender de la naturaleza y podemos aprender también de culturas (como las de muchos pueblos indígenas) que han sabido vivir de manera sostenible durante docenas de generaciones.[7]

Quizá, como sugiere el poeta y artista Perejaume, la voz humana sólo es parte de una voz más amplia con la que habla el mundo. Perejaume señala que, en nuestra relación con la naturaleza, es «como si hubiéramos decidido por mayoría, casi unánimemente, no sólo que los árboles, la tierra o los ríos no hablan, sino que no tienen nada que decir». Hoy nos corresponde «sopesar el otorgamiento que nos hemos hecho los humanos del uso exclusivo de la voz, y pensar hasta qué punto, con nuestra voz, participamos de una voz más amplia».[8]

Recuadro 3
La ecosofía según Raimon Panikkar

A principios de los años setenta del pasado siglo, de manera independiente y casi simultánea, Arne Naess en Noruega y Raimon Panikkar en California acuñaron el término *ecosofía*, aproximación a una síntesis entre ecología y sabiduría. Reproduzco a continuación extractos de una entrevista sobre ecología y ecosofía que mantuve con Raimon Panikkar:[9]

- «El cordón umbilical que nos liga a la Tierra es mucho más profundo que los vínculos biológicos, y si maltratamos a la Tierra, en realidad nos estamos maltratando a nosotros mismos».
- «La ecología es una tímida reacción a esta situación, pero todavía opera dentro de los parámetros de la cosmovisión dominante [...]. Podemos ponernos a reciclar, pero la idea de fondo es todavía la misma: que la Tierra es una fuente de recursos que tenemos que administrar. La ecología como una explotación racional de la Tierra todavía se encuentra dentro del mito científico judeocristiano. Es *business as usual*, pero con guantes y una sonrisa. En el mundo moderno, la cultura tecnocrática no sólo ha cambiado la forma de vivir, sino también nuestra forma de pensar y la experiencia misma de la realidad».
- «La ecosofía se distingue de una ecología que, mediante el llamado "desarrollo sostenible", busca prolongar el actual *status quo*. Desde una perspectiva intercultural, desenmascara la creencia occidental en el progreso, el mito de la historia y nuestro gran ídolo: la ciencia moderna. La ecosofía plantea un cambio radical de percepción tanto del hombre como de la Tierra. Trata a la Tierra misma como a un ser vivo. La Tierra no es materia inerte o un simple planeta que da vueltas alrededor del Sol».
- «Los arquetipos que están en la base de la idea de desarrollo implican una antropología inadecuada

para tres cuartas partes de la población mundial. El desarrollo ve al hombre como un montón de necesidades cuantificables que hay que desarrollar. Da por supuesto que el hombre se desarrolla de la misma manera que el universo material. No es extraño que el desarrollo lleve a una competición despiadada. El desarrollo es un concepto ajeno al alma afroasiática en general. Por esta razón, la civilización tecnológica es una creación (extraordinaria cuando se la contempla aisladamente) de una sola cultura, la occidental. El desarrollo contiene una ideología implícita y sirve a los intereses de la civilización que tiene detrás. Afirmar que no hay alternativas al desarrollo es una forma moderna de colonialismo. La esencia del colonialismo no es la explotación, sino el "monoculturalismo", la creencia de que una sola cultura puede marcar la pauta para solucionar los problemas humanos».

• «Me parece alentador ver que mucha gente en Occidente empieza a recuperar la creencia milenaria de los pueblos de la Tierra que peyorativamente llamamos animismo. Todo tiene vida, y la Tierra misma tiene alma, vida propia. Hablo de animismo en el sentido tradicional de un principio divino que anima la realidad y que es inmanente a la naturaleza. La vida y el alma no son accidentes que aparecen en el mundo material, no son epifenómenos en un pequeño rincón del universo, sino atributos esenciales de la realidad. Todo está ligado: la Tierra está viva, la materia está viva. Tienen, sin embargo, vida mineral, no autoconciencia o sensibilidad».

- «Los desafíos de hoy no sólo piden reformas bienintencionadas o soluciones técnicas, sino una transformación radical, una metanoia, una superación de la visión puramente mental [...]. Una epidemia actual es la depresión y la angustia, que en buena medida es tirar la toalla, perder la esperanza. Pero la esperanza no es de futuro, sino de lo invisible, de otra dimensión que hace que valga la pena vivir la vida, incluso si es una vida corta o bajo condiciones de explotación. La conexión con lo invisible te permite vivir plenamente, sin rendirte. Como no creo en el futuro, sino en la eternidad en el presente, puedo permitirme el lujo de ser optimista».

20

CONECTAR CON LA NATURALEZA

Según el norteamericano Richard Louv hoy padecemos, sobre todo la generación más joven, un "síndrome de déficit de naturaleza". Después de miles de generaciones en que los niños crecían al aire libre, desde hace pocas generaciones pasan la mayor parte del día entre las paredes de la escuela o el hogar. La incidencia creciente, en la infancia y la adolescencia, del síndrome de déficit de atención e hiperactividad, de la depresión, la ansiedad y la obesidad, ¿podría estar relacionada con nuestro "déficit de naturaleza"? Louv cree que sí. Como remedio, aconseja a los padres que hagan lo posible para que sus hijos pasen más tiempo al aire libre. En los niños que tienen una mayor oportunidad de conectar con la naturaleza, el síndrome de déficit de atención e hiperactividad se reduce significativamente. Un mayor contacto con la naturaleza también contribuye a aliviar la depresión y estimula la intuición, la imaginación y la creatividad. Para los niños, la naturaleza es mucho mejor maestra que una pantalla de televisión o de ordenador.[10]

Se ha desarrollado en los últimos años una teoría de la recuperación de la atención (*attention restoration theory*), según la cual nos concentramos mejor tras haber estado en la naturaleza o incluso con solo contemplar la reproducción de un paisaje. Por su parte, el eminente biólogo E.O. Wilson habla de nuestra *biofilia* innata: todos tenemos una necesidad instintiva de conectar con la naturaleza. Wilson también sugiere que en un ambiente puramente artificial la capacidad mental y la salud psicológica tienden a atrofiarse.

Plotino, el gran filósofo del final de la Antigüedad clásica, afirmaba que la psique «se convierte en aquello que contempla». Nuestra mente se expande cuando contempla el horizonte desde lo alto de una montaña o desde la costa. En cambio tiende a contraerse (y a veces a concentrarse) cuando se halla en un espacio cerrado. Diversos estudios realizados en hospitales muestran que las habitaciones con buena vista aceleran la recuperación del paciente –tal vez, diría Plotino, porque su alma se amplía y ayuda así a sanar el cuerpo.

Recuadro 4
¿Medio ambiente o naturaleza?

Cabe reivindicar la palabra *naturaleza* (que remite a todo lo que *nace* por sí mismo; *naturaleza*, *natal* y *nativo* comparten la misma etimología) ante otras más asépticas como "medio ambiente". Porque "medio" y "ambiente" indican algo exterior a nosotros, algo que, por tanto, no nos concierne directamente, algo de lo que nos podemos desentender y dejar en manos de los expertos correspondientes. Lo mismo ocurre con el inglés *environment* y el francés *environnement* (ambos derivan del francés *environ*, "alrededores"), así como con el alemán *Umwelt* y el italiano *ambiente.* Pero en castellano es peor: la redundancia "medio ambiente" remite a algo doblemente exterior a nosotros. No podremos integrarnos en los ciclos naturales a nivel biofísico sin integrarnos en ellos a nivel cognitivo (y a nivel espiritual, en el mejor sentido de la palabra).

21

CELEBRAR LA DIVERSIDAD

El declive de la sostenibilidad ha ido ligado a la uniformización que imponen los modelos de cultura global. De hecho, cuanto mayor es la huella ecológica de las sociedades, más se parecen (Dubai, Los Ángeles y Shangai, por ejemplo, son ahora mucho más parecidas que cien años atrás, cuando tenían una fracción de su huella ecológica actual). Un mundo sostenible será un mundo de economías más locales (el techo de la extracción de petróleo marca el principio del fin de la globalización económica) y de culturas más diversas, conscientes de sus raíces autóctonas e integradas en sus ecosistemas.

Hoy sabemos que una de las mejores maneras de proteger un ecosistema es proteger sus lenguas y culturas autóctonas, ya que han coevolucionado a través de los siglos con aquel ecosistema y con sus paisajes, en diálogo con sus ciclos, ritmos y seres. La *diversidad lingüística y cultural* y la *biodiversidad* tienen raíces comunes. A nivel mundial, las regiones geográficas con gran diversidad lingüística tienden a coincidir con áreas de gran biodiversidad.

Las lenguas indígenas tienen un repertorio léxico que permite distinguir detalles que el recién llegado jamás vería, tanto por lo que se refiere a identificación de plantas y animales como a flujos migratorios y ritmos estacionales. Por otra parte, las lenguas locales pueden haber adquirido a lo largo de los siglos una sintonía especial con los ritmos de aquellos ecosistemas. Cuando se pierde esta sintonía con el paisaje es fácil que sobrevenga la destrucción del espacio físico. Peter Mühlhäusler, profesor de lingüística en la Universidad de Adelaide (Australia), considera que «la rápida pérdida de una gran parte de la fauna y flora de Australia tras la llegada de los colonos europeos fue debida, en buena medida, al hecho de que los invasores no tenían recursos lingüísticos para entender lo que encontraban». El lenguaje de los colonizadores implicaba una concepción determinada de ver el mundo que impedía, según Mühlhäusler, percibir el paisaje del nuevo continente de manera adecuada. En cambio, continúa Mühlhäusler, «los aborígenes tenían idiomas que encajaban perfectamente en el paisaje australiano». Pero no siempre fue así. Sabemos que hubo desequilibrios ecológicos cuando los primeros pobladores humanos llegaron a Norteamérica, a Australia o a Nueva Zelanda.[11]

Conservar especies amenazadas es una tarea no sólo biológica, sino también, o sobre todo, cultural. Los mejores practicantes de la sostenibilidad son los pueblos indígenas que conservan lenguas y culturas arraigadas en los ecosistemas y los ritmos de su tierra. Un mundo hiperglobalizado, monocultural y monolingüe podría ser eficiente para máquinas y robots, pero sería un mundo unidimensional, terriblemente empobrecido, tanto a nivel cultural y psicológico como a nivel ecológico. Gandhi respondía así a quienes confunden la armonía con la uniformización: «No quiero amurallar mi casa ni cerrar mis ventanas. Quiero que los vientos de las culturas de todo el mundo circulen por mi casa con toda la libertad posible. Pero a la vez me niego a que ninguno de esos vientos me haga perder pie».[12]

Recuadro 5
Los ocho puntos de la ecología profunda

El noruego Arne Naess (1912-2009) renunció en 1969 a su cátedra de filosofía pra dedicarse más a fondo a la vida y a la ecología, consciente de que la supervivencia y la plenitud de la naturaleza y de la humanidad requieren cambios radicales en nuestra sociedad y en el modo como entendemos nuestro lugar en el mundo. En los años setenta, un artículo suyo puso en boga la distinción entre la *ecología superficial* (que pretende limitar el impacto ambiental sin cambiar nuestras actitudes básicas) y la *ecología profunda*. Según Naess, la esencia de la ecología profunda puede articularse en los siguientes ocho puntos:[13]

1. Todos los seres vivos tienen valor intrínseco.
2. La diversidad y riqueza de la vida tienen valor intrínseco.

3. La humanidad no tiene ningún derecho a reducir esta riqueza y diversidad, excepto para satisfacer necesidades vitales.

4. Si fuésemos menos, sería bueno para los seres humanos y mucho mejor para los otros seres vivos.

5. El grado actual de interferencia humana en los diversos ecosistemas no es sostenible, y esta insostenibilidad aumenta cada vez más.

6. Una mejora real requiere cambios considerables: sociales, económicos, tecnológicos e ideológicos.

7. Uno de los cambios ideológicos consiste en buscar una mejor calidad de vida, en vez de un nivel de vida más alto.

8. Quienes acepten estos puntos tienen la responsabilidad de intentar contribuir, de manera directa o indirecta, a que se realicen los cambios necesarios.

22

CONCIENCIA PLANETARIA

La conciencia planetaria nos revela que somos parte de una red compleja y sutil que incluye todas las formas de vida del planeta. Ramon Margalef ya señalaba que no tiene mucho sentido hablar de «el hombre y la biosfera»; siempre se trata de «el hombre *en* la biosfera». Somos inseparables de nuestra circunstancia biosférica.[14]

Necesitamos cultivar la *responsabilidad planetaria*, responsabilizándonos de las consecuencias globales de nuestras acciones. Esta responsabilidad se manifestaría, por ejemplo, en un sistema económico en el que los precios de los bienes y servicios reflejen su verdadero coste social y ecológico. La responsabilidad planetaria incluye la responsabilidad por el mundo que legamos a las generaciones futuras (*responsabilidad intergeneracional*), y conlleva aplicar el *principio de precaución* a toda tecnología que tenga el potencial de agravar la insostenibilidad de nuestro mundo.[15]

Recuadro 6
Imágenes de la interdependencia

La conciencia planetaria nos lleva a percibir cómo todas las cosas están conectadas. O, mejor dicho, dependen las unas de las otras, son interdependientes. Un ecosistema es un sistema interdependiente, una red de relaciones en la que ningún organismo individual puede concebirse aislado del resto.

La *conciencia de la interdependencia* ha sido cultivada desde hace siglos por diversas escuelas filosóficas, especialmente en el budismo a partir de Nāgārjuna. Una de las nociones clave de la vía media budista es que nada existe por sí mismo, de manera independiente, pues cada cosa depende siempre de otras (*pratītyasamutpāda*: todo emerge de manera interdependiente). Por ejemplo, esta página no podría existir sin editores, impresores, autores y lectores. Y su papel no existiría si no hubiera bosques, los cuales implican la existencia de agua, luz y el muy delicado equilibrio de toda la biosfera. Siguiendo el hilo de la interdependencia, podríamos deducir que todos los ciclos planetarios participan de un modo u otro en esta página, en estas líneas –y en cada cosa que ahora mismo nos rodea.[19]

En la tradición budista también se utiliza la imagen de la red de Indra para mostrar la íntima e inagotable interdependencia de cada uno de los elementos del universo. Se trata de una red que se extiende infinitamente en todas direcciones, y en cada uno de sus infinitos nudos alberga un cristal resplandeciente. Si miramos detalladamente cualquiera de estos cristales, descubriremos que su superficie refleja el resto de los cristales de la red. Y, rizando el rizo, en cada uno de tales reflejos encontramos otra vez el reflejo de todos los demás cristales, que se continúan reflejando de manera infinita. Todo está implícito en todo.[20]

Si somos interdependientes, cuidar del mundo y de los demás es también cuidar de nosotros.

No podemos seguir creyendo en el crecimiento material ilimitado como clave de progreso de la sociedad y en el consumo como receta para la plenitud personal. Tenemos el reto de combinar los logros de la modernidad (sociales y económicos, tecnológicos y culturales) con el redescubrimiento de formas de vida más satisfactorias y más sostenibles.

Hay un número creciente de personas que han decidido practicar la *simplicidad voluntaria*, consiguiendo una vida más satisfactoria al tiempo que reducen su consumo de recursos materiales. La reducción voluntaria del consumo hace que aumente el tiempo libre y la calidad de vida. Es una forma de autocontención y de generosidad global, que libera al planeta de una parte de nuestra presión y procura que haya recursos para el uso de sociedades más necesitadas. Ello enlaza con lo que en la tradición india se llama *aparigraha*, la renuncia voluntaria a acumular bienes. Gandhi pedía: «Vive de manera simple para que otros simplemente puedan vivir».[16]

Una celebración tradicional que ilustra el espíritu del «*mejor con menos*» es el *potlach*, practicado por pueblos indígenas de la costa del Pacífico de América del Norte como los haida, tinglit y kwakiutl. *Potlach* significa "dar", y en esta celebración se trata de dar y regalar tanto como sea posible: comida, ropa y objetos son repartidos entre los invitados, hasta el punto de que el *potlach* puede convertirse en una especie de competición en la que gana más prestigio quien es capaz de dar más y quedarse con menos. El *potlach* se celebraba tradicionalmente en ocasión de un nacimiento, boda, rito de paso o funeral, e iba acompañado de fiesta, música, danzas y ceremonias rituales. A diferencia de la estructura igualitaria de la mayoría de sociedades indígenas, los grupos de la costa del Pacífico que practicaban el *potlach* eran sociedades jerárquicas en las que algunos individuos acumulaban considerable riqueza. El *potlach* tenía precisamente como objetivo restaurar el equilibrio social y la armonía global con actos de desprendimiento y sacrificio por parte de aquellos que habían acumulado demasiado.

La conciencia planetaria es hoy una cuestión de *sentido común*. El siglo XXI pide una nueva forma de sentido común a la vez personal, social y planetario, un sentido común orientado al bien común, consciente del contexto social y ecológico de los bienes y servicios que utilizamos y de las repercusiones, pequeñas y grandes, de nuestras acciones. Debería estar presente en las instituciones políticas, en la educación y en los medios de comunicación, que todavía tienden a promocionar valores opuestos a los que necesitamos. Debería, por ejemplo, limitar la promoción indiscriminada del consumismo por parte de la publicidad (prohibiendo, de entrada, la publicidad que fomenta el consumismo en la población infantil). Debería también acabar con los paraísos fiscales y poner límites a las entidades financieras internacionales, cuya actividad está hoy en las antípodas de toda posible medida de sentido común.[18]

Recuadro 7
El pescador satisfecho

Hace más de un cuarto de siglo Anthony de Mello escribió esta fábula (reproducida luego por muchos otros autores) sobre la falacia de creer que para vivir bien hemos de acumular riqueza y poder:[17]

Un rico empresario del Norte se incomodó al ver a un pescador del Sur tumbado cómodamente junto a su barca.

–¿Por qué no estás pescando? –le preguntó.

–Ya he pescado suficiente para hoy.

–¿Y por qué no pescas más?

–¿Para qué?

–Ganarías más dinero –explicó el empresario–. Con ese dinero podrías comprarte un motor e ir a pescar a aguas más profundas. Y podrías comprar redes de nailon. Pescarías mucho más y ganarías más dinero. Pronto podrías comprarte una segunda barca, o incluso tener tu propia flota. Y te volverías rico, como yo.

–¿Y qué haría entonces?

–Podrías relajarte y disfrutar de la vida.

–Ah, es lo que estaba haciendo ahora.

23

REEQUILIBRAR

El mundo de hoy se ha vuelto insostenible porque demasiadas cosas han perdido su medida, su proporción, su *escala apropiada*. La identidad moderna se ha desarraigado del mundo y las cosas han ido perdiendo sus nexos locales. Es necesario recuperar el equilibrio y la mesura, y orientar cada actividad económica a la escala más adecuada: una parte importante de la producción de alimentos y de energía renovable se puede efectuar a nivel local o comarcal, mientras que la producción industrial y las telecomunicaciones requieren escalas más amplias. Necesitamos tecnologías a escala humana o «con rostro humano», como ya pedía Schumacher.[21]

El *bien común* es el horizonte de muchas iniciativas basadas en el trabajo en red y en la acción participativa, desde el *software* libre y el activismo a través de Internet de grupos como Avaaz a los «municipios en transición» (*Transition towns*). Al mismo tiempo, es necesario profundizar en la democracia participativa a nivel local, nacional y global.[22]

Hoy se producen más alimentos que nunca, pero más del 10% de la población mundial pasa hambre. Hay 800 millones de personas con hambre y más de 1.000 millones con sobrepeso. Los informes de Naciones Unidas indican que en los últimos decenios se han incrementado como nunca las desigualdades entre ricos y pobres, tanto a nivel global como dentro de la mayoría de países. La búsqueda del bien común implica acabar con las situaciones de extrema desigualdad, precariedad e injusticia que encontramos en el mundo de hoy. No podemos ignorar que buena parte de la riqueza de las sociedades del Norte se ha basado desde la época colonial en la explotación de las sociedades del Sur del mundo. Hoy el 40% de la riqueza está en manos del 1% de la población mundial. Esta situación es insostenible. Es necesario situar el bien común en el centro de la vida pública para contribuir a la mejora de la realidad social y ambiental.[23]

Como muestra un amplio estudio sociológico que compara datos de veintiuna sociedades económicamente avanzadas, los países con más desigualdades (como Estados Unidos y Gran Bretaña) son también los que tienen peores indicadores sociales y de salud en todo tipo de áreas: la esperanza de vida, la salud física y mental, la proporción de población encarcelada, la obesidad, la confianza en los demás, el rendimiento educativo, los embarazos adolescentes, etcétera. En cambio, los países con menos desigualdades (como Japón y los países escandinavos) son los que obtienen mejores resultados en todos estos indicadores. Según los sociólogos Richard Wilkinson y Kate Pickett, «en el *conjunto* de la población, los índices de enfermedad mental son cinco veces mayores en las sociedades más desiguales que en las más igualitarias. De la misma forma, en las sociedades más desiguales las personas tienen cinco veces más probabilidades de ser encarceladas, seis veces más probabilidades de ser clínicamente obesas, y los índices de criminalidad pueden ser mucho mayores. Estas diferencias son tan grandes porque, sencillamente, los efectos de la desigualdad no se limitan sólo a los menos favorecidos, sino que afectan a la inmensa mayoría de la población.»[24]

La desigualdad genera envidia, competición e insatisfacción. En el mundo actual, uno de los ejemplos más insostenibles de desigualdad es la nueva aristocracia formada por las élites financieras y económicas. La New Economics Foundation ha demostrado con datos detallados que no se puede establecer ninguna relación entre el nivel de ingresos y la contribución al bien común, y que «la idea de que existe una relación directa entre las altas retribuciones monetarias y los beneficios que resultan para la sociedad» es un mito insostenible».[25]

El poeta y filósofo Jorge Riechmann sintetiza el nuevo modo de estar en el mundo que necesitamos con cinco calificativos: «ligero, lento, cerca, silencioso, solar». La sostenibilidad requiere pasar del consumismo y la acumulación al bienestar basado en la simplicidad, en la escala humana y en el disfrute del tiempo libre. Para favorecer este cambio sería bueno mostrar que la ostentación, el lujo y la riqueza material excesiva son algo a la vez obsceno (porque generan envidia e insostenibilidad) y contraproducente (porque ni siquiera aportan verdadera satisfacción a largo plazo), y prestar atención a ejemplos e indicadores alternativos de progreso que muestren que el verdadero bienestar no se encuentra en el "cuanto más mejor".[26]

24

RELOCALIZAR

La crisis financiera iniciada en 2008 ha puesto de manifiesto los excesos y debilidades de la globalización ilimitada, contra los cuales ya había advertido Keynes hace ochenta años: «Las ideas, el conocimiento, la ciencia, la hospitalidad, los viajes: todo esto son cosas internacionales por naturaleza. Pero hagamos que los bienes se produzcan tan cerca de casa como sea posible, razonable y conveniente, y sobre todo hagamos que las finanzas sean primordialmente nacionales». Un mundo sostenible no tiene por qué renunciar a los intercambios globales cuando son necesarios, pero será un mundo más *humilde*, de ritmo más *humano*, más rural y más local, en el que las decisiones se tomen al nivel más *local* y *descentralizado* posible. La resiliencia de un sistema tiende a ser mayor cuanto más descentralizado está.[27]

Debemos recuperar el sentido común en el consumo de bienes materiales y energía y en el transporte global de mercancías. Por ejemplo, según datos oficiales del Gobierno británico, en el año 2008 Gran Bretaña exportó 4.400 toneladas de helados a Italia, al tiempo que importaba de Italia 4.200 toneladas de helados. El mismo año, Gran Bretaña importó 22.000 toneladas de patatas de Egipto, a la vez que exportaba a Egipto 27.000 toneladas de patatas. Y exportó 5.000 toneladas de papel higiénico a Alemania mientras importaba 4.000 toneladas del mismo producto de ese país. La lógica neoliberal que ha guiado la globalización de la economía a menudo no tenía mucho que ver con la sostenibilidad ni con el verdadero bienestar.[28]

Un estudio de dos economistas norteamericanos, Stephan Goetz y Anil Rupasingha, mostró que en las áreas donde se ubica una nueva gran superficie comercial (Walmart, en su caso) la cohesión social tiende a disminuir: con el paso de los años hay menos empresas locales, menos asociaciones cívicas e incluso más abstención en las elecciones. La gran superficie no sólo afecta a los comercios que podrían competir directamente con ella, sino también a toda la red económica local y al conjunto de la comunidad.[29]

Las grandes aglomeraciones urbanas necesitan ir a buscar alimentos, materias primas y energía muy lejos del lugar de consumo, y por ello requieren grandes vías de transporte y enormes almacenes de mercancías. En los ecosistemas, en cambio, los ciclos de materia y energía se concentran en el ámbito local (el árbol hace subir agua y nutrientes por la savia y deja caer hojas que se reciclan gracias al humus del suelo). Aprender de los ciclos de la naturaleza implica relocalizar el transporte de materiales, emplear materias primas cercanas y reciclar en el mismo lugar. Las energías alternativas tienen sentido sobre todo cerca del consumidor, y lo mismo vale para el reciclaje de aguas, el aprovechamiento del agua de lluvia, el cultivo de un huerto y los remedios que podamos encontrar en las plantas de nuestro entorno.

Durante la Segunda Guerra Mundial, muchos norteamericanos convirtieron sus jardines en huertos (los llamados *victory gardens*) que proporcionaban alimentos, satisfacción vital y un renovado sentido de comunidad. Es un ejemplo que cabe rescatar, a la vez que es necesario revitalizar el mundo rural, mejorando las condiciones de quienes trabajan en el campo y proporcionando incentivos a quines desean volver a él. La fertilidad de la tierra es la base de nuestra vida.

Dos conceptos clave de Gandhi son aquí muy relevantes: *swadeshi* y *swaraj*. *Swadeshi* (autosuficiencia) implica que nuestra actividad debe centrarse en los bienes y servicios de nuestra comunidad y de nuestro entorno inmediato, participando en las instituciones políticas locales y apoyando la economía local. Por su parte, *swaraj* (autogobierno) es el concepto clave de la lucha de Gandhi por la independencia y la descentralización. Gandhi pedía pasar de la estructura piramidal y centralizada a una estructura en red basada en la persona y en la comunidad local.[30]

Una fuerza importante a favor de la relocalización de la producción de alimentos es el movimiento *slow food*, que empezó como respuesta al *fast-food* globalizado, celebrando el consumo de alimentos locales y de calidad, producidos a partir de tradiciones culturales arraigadas en el entorno y sin la utilización de métodos químicos e industriales. La recuperación de la escala humana también incluye recuperar el ritmo apropiado y disfrutar del tiempo, en lugar de considerarlo como un medio para una satisfacción futura que nunca llega. Ante la dinámica frenética de nuestra sociedad hiperactiva hay que recuperar el tiempo libre y el placer de caminar, el espíritu de juego, la creación y recreación no consumistas y la alegría de vivir y convivir. Van en esta dirección iniciativas como los bancos de tiempo, las ciudades *slow* y lo que ha dado en llamarse *slow people y slow knowledge*.[31]

Hay una paradoja en la manera en que nos apresuramos a fin de ahorrar tiempo. El economista E. F. Schumacher decía que cuando empezó a viajar por todo el mundo estuvo tentado de formular la primera ley de la economía de la manera siguiente: «La cantidad de ocio del que realmente disfruta una sociedad tiende a estar en proporción inversa a la cantidad de máquinas que utiliza a fin de ahorrar tiempo».[32]

Recuadro 8
Velocidad relativa

Ivan Illich creía que más allá de cierto umbral, la multiplicación de los artículos de consumo genera «pobreza modernizada», que se manifiesta como «impotencia, incapacidad de cultivar alimentos, de cantar y de construir». En *Energía y equidad* exploraba cómo el incremento del consumo de energía va ligado al aumento de las desigualdades y del poder de la tecnocracia. Illich señalaba diversas paradojas en el sistema industrial de transporte y mostraba que, a diferencia del automóvil, la bicicleta hace un uso extraordinariamente eficiente de la energía, permite desplazarse a una velocidad que todavía concuerda con la escala humana y no fomenta el individualismo y la división social. Illich también indicaba que la velocidad real del automóvil (o de cualquier medio de transporte mecanizado) debe calcularse incluyendo el tiempo que pasamos trabajando para pagar el vehículo y todos los gastos que genera (combustible, seguro, aparcamiento, reparaciones, impuestos directos, impuestos destinados a financiar carreteras... y todavía podríamos sumarle, por ejemplo, su coste ambiental y el coste de los accidentes). A partir de este razonamiento, Illich calculaba en 1974 que al cabo del año la verdadera velocidad media de un automóvil norteamericano era de unos 6 km/h, es decir, «exactamente lo mismo que la gente de los países que no tienen industria del transporte».[33]

Denis Cheynet ha actualizado los cálculos de Illich por lo que se refiere a los automóviles franceses de principios del siglo XXI. Si al presupuesto de la industria francesa del automóvil (150 millones de euros) añadimos el coste de la inseguridad en la carretera (27,8 millones de euros) y, sin añadirle otros costes, lo dividimos por los 26.800.000 vehículos particulares registrados, resulta que de media cada vehículo cuesta 6.635 euros a la sociedad. Para pagar este coste, cada persona activa deberá trabajar 553 horas cada año (asumiendo un salario medio de 12 euros la hora). Si la distancia media recorrida por los automóviles franceses en un año es de 14.000 km a una velocidad media (según el cuentakilómetros) de 50 km/h, cada conductor pasa al volante 280 horas. Pero a estas 280 horas hay que añadir las 553 horas que trabaja para financiar los costes del coche. Ello implica una velocidad media real de 16,8 km/h (14.000 km divididos por 833 horas). Si en la estimación de Illich el automóvil no iba prácticamente más deprisa que una persona andando, tres décadas después sigue sin ir más rápido que una persona en bicicleta.[34]

25

PARTICIPAR

Como seres relacionales necesitamos sentir que somos de un lugar (no necesariamente siempre el mismo) y que formamos parte de una comunidad. Pero en el mundo contemporáneo el *sentido de comunidad* se ha ido perdiendo. La activista indígena Winona LaDuke considera que «la comunidad es lo único que puede ser sostenible. Debemos recuperar las formas de vida basadas en la tierra. Para conseguirlo es necesario integrarnos en las tradiciones culturales que se inspiran en la tierra». Y ello requiere «transformar nuestra percepción».[35]

Ivan Illich proponía adoptar formas de vida «conviviales» (palabra derivada del latín *convivialis*, «festivo, propio de un banquete o convite»), es decir, formas de vida que faciliten un intercambio autónomo y creativo entre las personas y entre ellas y su entorno. Illich consideraba que existen herramientas intrínsecamente conviviales, que en lugar del individualismo y la aceleración fomentan el espíritu de comunidad y la escala humana. Son ejemplos de ello la bicicleta y la biblioteca: «Una biblioteca es un modelo de instrumento convivial, un espacio de libre acceso que no obliga a seguir programas rígidos, un lugar donde se toma o se deja lo que se quiera, sin ninguna censura». La convivialidad también va ligada a un estilo de vida modesto y austero, que sabe que "menos es más" y renuncia jubilosamente a las seducciones del consumismo. Según Illich, la *austeridad* es la virtud fundamental del nuevo ser humano y constituye la base de la amistad y de la alegría, del cuidar a los otros y del cuidar al mundo.[36]

Einstein ya denunciaba hace más de cincuenta años la inhumanidad del «espíritu competitivo», que lleva a «la lucha implacable por el éxito a costa del prójimo. Este espíritu competitivo, que predomina incluso en las escuelas y universidades, destruye todos los sentimientos de cooperación y fraternidad, y concibe el éxito no como el resultado del amor al trabajo bien hecho, sino como un estallido de ambición personal». A continuación, Einstein criticaba a los «pesimistas que sostienen que esta situación es inevitable porque resulta de tendencias inherentes a la naturaleza humana», y afirmaba que «este punto de vista derrotista no tiene ninguna base», citando los estudios antropológicos de Ruth Benedict sobre culturas «denominadas primitivas» que disfrutan de una «vida basada en la moderación y la cooperación, libre de presiones externas y sin renunciar a nada que aporte felicidad». Hoy tenemos mucha mayor evidencia, en antropología y en otras disciplinas científicas, de que la moderación y la cooperación surgen espontáneamente en los seres humanos cuando se dan unas condiciones vitales mínimamente favorables. Nuestras mentes están mucho menos aisladas de lo que pensamos. Ser conscientes de ello debería ayudarnos a transformar la actitud *ego*céntrica en una actitud *eco*céntrica.[37]

El individualismo y el egocentrismo, paradójicamente, nos hacen sentir pequeños. El poeta y escritor Joan Maragall ya escribía que: «El que sólo piensa en sí mismo, no es nadie, está vacío». Un estudio reciente en Alemania mostró que la inclinación a participar en cuestiones sociales y políticas y a preocuparse por la familia y los amigos fomenta la satisfacción personal, mientras que la inclinación por las ganancias materiales y el éxito resulta contraproducente para la satisfacción vital. Cuanto más practicamos la generosidad, la gratitud y la *solidaridad*, y cuanto más conectamos con los otros, mejor nos sentimos. Y mejor se siente el planeta. Como señala Raj Patel: «lo contrario del consumismo no es el ahorro sino la generosidad».[38]

Un valor clave para el desarrollo de una sociedad solidaria es la *empatía*. Como señala el antropólogo Frans de Waal, el ser humano puede definirse como un «simio bipolar»: podemos ser más altruistas que cualquier otro animal, y también podemos ser mucho más crueles. Tenemos, como personas, un potencial para lo mejor y para lo peor. Y en la encrucijada actual, nuestra sociedad también puede derivar hacia un escenario mucho mejor o mucho peor. Por ello, como señala Jeremy Rifkin, necesitamos una «civilización empática».[39]

26

FLUIR

En psicología se denomina *fluir* al estado de experiencia óptimo en el que nos encontramos completamente entregados a una tarea, generalmente creativa o lúdica. En este estado, nuestra actividad resulta mucho más eficiente que cuando no "fluimos". Es lo que los autores y artistas experimentan como inspiración, un estado en el que las cosas salen "solas". «Yo no busco, encuentro», decía Picasso.[40]

Un testimonio sorprendente es el del antropólogo Claude Lévi-Strauss:

> «No tengo la sensación de que escribo mis libros. Tengo la sensación de que mis libros se escriben a través de mí [...]. Quizá recordaréis que he escrito que los mitos son pensados en el hombre sin que él lo sepa. Esto ha sido muy debatido y criticado [...]. Pero para mí describe una experiencia vivida, porque expresa exactamente cómo percibo mi propia relación con mi trabajo. Es decir, mi trabajo es pensado en mí sin que yo lo sepa. Nunca he tenido, y sigo sin tener, la percepción de tener mi propia identidad. Me veo a mí mismo como un lugar donde acontece algo, pero no hay ningún "yo" [*but there is no 'I', no 'me'*]. Cada uno de nosotros es una especie de encrucijada donde ocurren cosas».

Una identidad fluida y relacional nos hace sentir más genuinos, más conectados con el mundo y más creativos. La actitud basada en el fluir es lo contrario de la actitud basada en el control. Cuando fluimos con el mundo tendemos a verlo como algo dinámico, interconectado y lleno de encanto, un ámbito en el que no nos sentimos individuos aislados sino participantes en una red de relaciones.[41]

Una forma sencilla de fluir con el mundo es hacer ejercicio, correr, ir en bicicleta, bailar, jugar... –formas de liberarnos de una identidad estática y sentirnos conectados con el mundo. Fluir también implica no quedarnos estancados y continuar madurando y aprendiendo. El *aprendizaje continuo* es estimulante, aumenta la autoestima y nos hace más resilientes, más capaces de adaptarnos a nuevas situaciones. La *resiliencia* se puede definir como «la capacidad de un sistema para absorber perturbaciones y reorganizarse mientras está cambiando, de manera que pueda mantener esencialmente la misma función, estructura, identidad y *feedbacks*». Fluir implica la humildad de ser conscientes de que nuestros planes deberán cambiar sobre la marcha, según las circunstancias. Y también implica dejar libre nuestra creatividad. Como argumentaba Maslow, toda persona tiene una necesidad instintiva de creatividad, de belleza y de justicia: no deberíamos preguntar «¿qué permite desarrollar la creatividad?», sino «¿cómo es posible que no todo el mundo sea creativo?».[42]

Jorge Riechmann escribe que el «saber estar a gusto con nosotros mismos en los momentos de soledad e inacción» es el fundamento emocional y cultural de una sociedad sostenible. Fluir con el presente y estar en paz con nosotros mismos es una de las claves de un mundo mejor. Cuando fluimos somos creativos, nos olvidamos del yo y del paso del tiempo. De hecho, la vida más satisfactoria es aquella que se sumerge completamente en el momento presente, fluyendo a cada instante con plenitud y agradecimiento. «Y tanto se da el presente / que el pie caminante siente / La integridad del planeta», como canta en unos versos Jorge Guillén.[43]

El pasado es una narración. El futuro es un ensueño. La realidad fluye ahora.

27

SER

El camino hacia un mundo mejor requiere sustituir el horizonte del tener por el horizonte del ser (como ya pedía Erich Fromm), empezando por *ser un@ mism@*: ser quienes en el fondo estamos llamados a ser. «Todos nacemos con una estrella de luz poderosa y perdurable –basta con serle fiel–», escribe el poeta polaco Adam Zagajewski.[44]

Abraham Maslow afirmaba que lo que hoy consideramos “normal” en psicología es patológico cuando lo contemplamos desde las verdaderas posibilidades de la naturaleza humana. Nos encontraremos más cerca de la sostenibilidad cuanto más el ser humano, «este ser inacabado e incompleto», pueda desarrollar sus capacidades naturales en plenitud y armonía.[45]

El ecofilósofo Arne Naess postulaba como su primera norma ética la autorrealización (*selvrealisering*) de todos los seres. En sus estudios sobre Gandhi, Naess argumenta que la no-violencia sólo surge como fruto de nuestra autorrealización. La autorrealización va ligada al desarrollo de la *autoestima* y del amor por el mundo. Martin Luther King afirmaba que un «firme sentido de autoestima» es el arma más poderosa contra la opresión.[46]

Otro fruto de la autorrealización es la honestidad y la *coherencia*. Un buen ejemplo de coherencia es la siguiente anécdota sobre Gandhi. Una madre fue a visitar a Gandhi con su hija de pocos años y le pidió que le dijera a la niña que no tomara azúcar. Gandhi respondió: «Volved en tres semanas». Cuando volvieron al cabo de tres semanas, Gandhi dijo cariñosamente a la niña: «No tomes azúcar, no va bien». La madre, perpleja, preguntó al maestro por qué había necesitado tres semanas para decir algo tan sencillo. Gandhi respondió: «¡Hace tres semanas yo todavía tomaba azúcar!».

La coherencia va ligada con lo que Gandhi denominaba *satyagraha*: «aferrarse a la verdad» –y actuar en consecuencia. La verdad, según Gandhi, no es otra cosa que «lo que te dice tu voz interior». Es una norma básica del pensamiento de Gandhi que hay que seguir la propia voz interior sean cuales sean las consecuencias que puedan derivarse.[47]

Para el budismo y otras tradiciones espirituales, nuestra vida interior es un ámbito esencial en la transformación del mundo. Como escribe el Dalai Lama, necesitamos «una revolución espiritual», una revolución interior.[48]

28

EL BIENESTAR UNIVERSAL

En su autobiografía, Gandhi explica que encontró tres principios clave en el libro de John Ruskin, *Unto this Last*: que todo trabajo tiene el mismo valor, tanto el del abogado como el del barbero; que la vida más digna es la de quien se dedica a cultivar la tierra o a la artesanía, y que el bien del individuo es inseparable del bien común. A partir de este vínculo entre el bien personal y el bien común, Gandhi acuñó el concepto de *sarvodaya* o «bienestar universal».[49]

Sabemos que el verdadero bienestar no depende de la continua acumulación de posesiones materiales, sino de desarrollar una vida *llena de sentido* en un contexto social cooperativo y en armonía con un entorno natural que mantenga su integridad. Para conseguir una sociedad sostenible es necesario desvincular el bien-estar del mucho-tener, es decir, desvincular nuestra identidad de los bienes materiales, de los que nunca podremos tener suficiente, y basar la autoestima no en el tener sino en el *ser*, desarrollando una identidad más participativa, más fluida y más consciente de nuestra interdependencia con el resto del mundo.

Abraham Maslow se dio cuenta de que todas las personas que él denominaba autorrealizadoras (*self-actualizing*) estaban «dedicadas a alguna tarea "fuera de sí mismas", a alguna vocación, tarea o trabajo estimado», al que se entregaban de forma «apasionada y desinteresada». El propio Maslow compara esta característica de la autorrealización con un acto de *entrega*, «en el sentido de ofrecerse uno mismo en algún altar para alguna tarea específica, alguna causa externa a uno mismo y más grande que uno mismo».[50]

Sólo podremos cuidar aquello que realmente amamos. Para vivir en equilibrio con el planeta es necesario sentir *reverencia por la vida*. Gandhi afirmaba que «el poder basado en el amor es mil veces más efectivo y duradero que el poder derivado del miedo al castigo». Por su parte, Erich Fromm escribía en la última página de *El arte de amar* que «el amor es la única respuesta sensata y satisfactoria al problema de la existencia humana».[51]

Una de las manifestaciones más fructíferas del amor es la *gratitud*. Podemos sentirnos agradecidos por vivir en este mundo que desborda nuestra comprensión, y por vivir en este momento histórico, con todos sus retos y oportunidades. Si conseguimos transformar nuestras actitudes y valores, emergerá una nueva civilización, mucho más sabia. La verdadera *sabiduría* nos lleva a darnos cuenta de que en el fondo no hay ninguna separación real entre el "yo" y el mundo. Gandhi, declarado seguidor del *advaita* ("no-dualidad" en sánscrito), expresaba así el hecho de que no estamos aislados: «Creo en la unidad esencial del ser humano y, de hecho, de todo lo que vive. Por tanto, creo que si un solo ser humano gana en espiritualidad, todo el mundo gana con él, y si uno falla, todo el mundo falla en la misma medida».[52]

Joan Maragall expresó rotundamente la misma intuición hace ya un siglo:[53]

> «Amar, esto es la vida. Amar hasta el punto de poder darse por lo amado. Poder olvidarse a sí mismo, esto es ser uno mismo; poder morir por algo, esto es vivir [...]. *Ama, y haz lo que quieras.* Amar es pues la causa, la seña y la justificación de la vida [...]. Ama tu oficio, tu vocación, tu estrella, aquello para que sirves, aquello en que realmente eres uno entre los hombres. Esfuérzate en tu quehacer

como si de cada detalle que piensas, de cada palabra que dices, de cada pieza que pones, de cada golpe de tu martillo, dependiera la salvación de la Humanidad. Porque depende, créelo».

Los valores que sirven de antídotos a las dinámicas insostenibles de hoy son también los que más contribuyen a la verdadera felicidad personal y a la cohesión social, como hemos mostrado más arriba. Por tanto, no se trata de escoger entre sostenibilidad ambiental, armonía social y plenitud personal. Nos encontramos en una encrucijada en la que todo lo que contribuye a la responsabilidad global, social y ecológica contribuye también al bienestar personal.

El verdadero bienestar es estar bien –contigo y con el mundo. Y fluir con lo que pide cada momento.

APÉNDICE

La Carta de la Tierra

Preámbulo

Estamos en un momento crítico de la historia de la Tierra, en el cual la humanidad debe elegir su futuro. A medida que el mundo se vuelve cada vez más interdependiente y frágil, el futuro depara, a la vez, grandes riesgos y grandes promesas. Para seguir adelante debemos reconocer que, en medio de la magnífica diversidad de culturas y formas de vida, somos una sola familia humana y una sola comunidad terrestre con un destino común. Debemos unirnos para crear una sociedad global sostenible fundada en el respeto hacia la naturaleza, los derechos humanos universales, la justicia económica y una cultura de paz. En torno a este fin, es imperativo que nosotros, los pueblos de la Tierra, declaremos nuestra responsabilidad de los unos hacia los otros, hacia la gran comunidad de la vida y hacia las generaciones futuras.

La Tierra, nuestro hogar

La humanidad es parte de un vasto universo evolutivo. La Tierra, nuestro hogar, está viva con una comunidad singular de vida. Las fuerzas de la naturaleza promueven que la existencia sea una aventura exigente e incierta, pero la Tierra ha brindado las condiciones esenciales para la evolución de la vida. La capacidad de recuperación de la comunidad de vida y el bienestar de la humanidad dependen de la preservación de una biosfera saludable, con todos sus sistemas ecológicos, una rica variedad de plantas y animales, tierras fértiles, aguas puras y aire limpio. El medio ambiente global, con sus recursos finitos, es una preocupación común para todos los pueblos. La protección de la vitalidad, la diversidad y la belleza de la Tierra es un deber sagrado.

La situación global

Los patrones dominantes de producción y consumo están causando devastación ambiental, agotamiento de recursos y una extinción masiva de especies. Las comunidades están siendo destruidas. Los beneficios del desarrollo no se comparten equitativamente, y la brecha entre ricos y pobres se está ensanchando. La injusticia, la pobreza, la ignorancia y los conflictos violentos se manifiestan por doquier y son la causa de grandes sufrimientos. Un aumento sin precedentes de la población humana ha sobrecargado los sistemas ecológicos y sociales. Los fundamentos de la seguridad global están siendo amenazados. Estas tendencias son peligrosas, pero no inevitables.

Los retos venideros

La elección es nuestra: formar una sociedad global para cuidar la Tierra y cuidarnos unos a otros, o arriesgarnos a la destrucción de nosotros mismos y de la diversidad de la vida. Se necesitan cambios fundamentales en nuestros valores, instituciones y formas de vida. Debemos darnos cuenta de que, una vez satisfechas las necesidades básicas, el desarrollo humano se refiere primordialmente a ser más, no a tener más. Poseemos el conocimiento y la tecnología necesarios para proveer a todos y para reducir nuestros impactos sobre el medio ambiente. El surgimiento de una sociedad civil global está creando nuevas oportunidades para construir un mundo democrático y humanitario. Nuestros retos ambientales, económicos, políticos, sociales y espirituales están interrelacionados, y juntos podemos proponer y concretar soluciones comprensivas.

Responsabilidad universal

Para llevar a cabo estas aspiraciones debemos tomar la decisión de vivir de acuerdo con un sentido de responsabilidad universal, identificándonos con toda la comunidad terrestre, al igual que con nuestras comunidades locales. Somos ciudadanos de diferentes naciones y de un solo mundo al mismo tiempo, donde los ámbitos local y global se encuentran estrechamente vinculados. Todos compartimos una responsabilidad hacia el bienestar presente y futuro de la familia humana y del mundo viviente en su amplitud. El espíritu de solidaridad humana y de afinidad con toda la vida se fortalece cuando vivimos con reverencia ante el misterio del ser, con gratitud por el regalo de la vida y con humildad con respecto al lugar que ocupa el ser humano en la naturaleza.

Necesitamos urgentemente una visión compartida sobre los valores básicos que brinden un fundamento ético para la comunidad mundial emergente. Por tanto, juntos, y con una gran esperanza, afirmamos los siguientes principios interdependientes, para una forma de vida sostenible, como un fundamento común mediante el cual se deberá guiar y valorar la conducta de las personas, organizaciones, empresas, gobiernos e instituciones transnacionales.

I. RESPETO Y CUIDADO DE LA COMUNIDAD DE LA VIDA

1. Respetar la Tierra y la vida en toda su diversidad.

a. Reconocer que todos los seres son interdependientes y que toda forma de vida, independientemente de su utilidad, tiene valor para los seres humanos.

b. Afirmar la fe en la dignidad inherente a todos los seres humanos y en el potencial intelectual, artístico, ético y espiritual de la humanidad.

2. Cuidar la comunidad de la vida con entendimiento, compasión y amor.

a. Aceptar que el derecho a poseer, administrar y utilizar los recursos naturales conduce hacia el deber de prevenir daños ambientales y proteger los derechos de las personas.

b. Afirmar que a mayor libertad, conocimiento y poder, se presenta una correspondiente responsabilidad por promover el bien común.

3. Construir sociedades democráticas que sean justas, participativas, sostenibles y pacíficas.

a. Asegurar que las comunidades garanticen los derechos humanos y las libertades fundamentales y brinden a todos la oportunidad de desarrollar su pleno potencial.

b. Promover la justicia social y económica, posibilitando que todos alcancen un modo de vida seguro y digno, pero ecológicamente responsable.

4. Asegurar que los frutos y la belleza de la Tierra se preserven para las generaciones presentes y futuras.

a. Reconocer que la libertad de acción de cada generación se encuentra condicionada por las necesidades de las generaciones futuras.

b. Transmitir a las futuras generaciones valores, tradiciones e instituciones que apoyen la prosperidad a largo plazo, de las comunidades humanas y ecológicas de la Tierra.

Para poder realizar estos cuatro compromisos generales, es necesario:

II. INTEGRIDAD ECOLÓGICA

5. Proteger y restaurar la integridad de los sistemas ecológicos de la Tierra, con especial preocupación por la diversidad biológica y los procesos naturales que sustentan la vida.

a. Adoptar planes de desarrollo sostenible y regulaciones que permitan incluir la conservación y la rehabilitación ambientales como parte integral de todas las iniciativas de desarrollo.

b. Establecer y salvaguardar reservas viables para la naturaleza y la biosfera, incluyendo tierras silvestres y áreas marinas, de modo que tiendan a proteger los sistemas de soporte a la vida de la Tierra, para mantener la biodiversidad y preservar nuestra herencia natural.

c. Promover la recuperación de especies y ecosistemas en peligro.

d. Controlar y erradicar los organismos exógenos o genéticamente modificados, que sean dañinos para las especies autóctonas y el medio ambiente; y además, prevenir la introducción de tales organismos dañinos.

e. Manejar el uso de recursos renovables, como el agua, la tierra, los productos forestales y la vida marina, de manera que no se excedan las posibilidades de regeneración y se proteja la salud de los ecosistemas.

f. Manejar la extracción y el uso de los recursos no renovables, como los minerales y combustibles fósiles, de forma que se minimice su agotamiento y no se causen serios daños ambientales.

6. Evitar dañar, como el mejor método de protección ambiental, y cuando el conocimiento sea limitado, proceder con precaución.

a. Tomar medidas para evitar la posibilidad de daños ambientales graves o irreversibles, aun cuando el conocimiento científico sea incompleto o inconcluso.

b. Imponer las pruebas respectivas y hacer que las partes responsables asuman las consecuencias de reparar el daño ambiental, principalmente para quienes argumenten que una actividad propuesta no causará ningún daño significativo.

c. Asegurar que la toma de decisiones contemple las consecuencias acumulativas, a largo plazo, indirectas, de larga distancia y globales, de las actividades humanas.

d. Prevenir la contaminación de cualquier parte del medio ambiente, y no permitir la acumulación de sustancias radiactivas, tóxicas u otras sustancias peligrosas.

e. Evitar actividades militares que dañen el medio ambiente.

7. Adoptar patrones de producción, consumo y reproducción que salvaguarden las capacidades regenerativas de la Tierra, los derechos humanos y el bienestar comunitario.

a. Reducir, reutilizar y reciclar los materiales usados en los sistemas de producción y consumo, y asegurar que los desechos residuales puedan ser asimilados por los sistemas ecológicos.

b. Actuar con moderación y eficiencia al utilizar energía, y tratar de depender cada vez más de los recursos de energías renovables, tales como la solar y eólica.

c. Promover el desarrollo, la adopción y la transferencia equitativa de tecnologías ambientalmente sanas.

d. Internalizar los costos ambientales y sociales totales de bienes y servicios en su precio de venta y posibilitar que los consumidores puedan identificar productos que cumplan con las más altas normas sociales y ambientales.

e. Asegurar el acceso universal al cuidado de la salud que fomente la salud reproductiva y la reproducción responsable.

f. Adoptar formas de vida que pongan énfasis en la calidad de vida y en la suficiencia material en un mundo finito.

8. Impulsar el estudio de la sostenibilidad ecológica y promover el intercambio abierto y la extensa aplicación del conocimiento adquirido.

a. Apoyar la cooperación internacional científica y técnica sobre sostenibilidad, con especial atención a las necesidades de las naciones en desarrollo.

b. Reconocer y preservar el conocimiento tradicional y la sabiduría espiritual en todas las culturas que contribuyen a la protección ambiental y al bienestar humano.

c. Asegurar que la información de vital importancia para la salud humana y la protección ambiental, incluyendo la información genética, esté disponible en el dominio público.

III. JUSTICIA SOCIAL Y ECONÓMICA

9. Erradicar la pobreza como un imperativo ético, social y ambiental.

a. Garantizar el derecho al agua potable, al aire limpio, a la seguridad alimenticia, a la tierra no contaminada, a una vivienda y a un saneamiento seguro, asignando los recursos nacionales e internacionales requeridos.

b. Habilitar a todos los seres humanos con la educación y con los recursos requeridos para que alcancen un modo de vida sostenible, y proveer la seguridad social y las redes de apoyo requeridas para quienes no puedan mantenerse por sí mismos.

c. Reconocer a los ignorados, proteger a los vulnerables, servir a aquellos que sufren y facilitar el desarrollo de sus capacidades y perseguir sus aspiraciones.

10. Asegurar que las actividades e instituciones económicas promuevan el desarrollo humano de forma equitativa y sostenible.

a. Promover la distribución equitativa de la riqueza dentro de las naciones y entre ellas.

b. Intensificar los recursos intelectuales, financieros, técnicos y sociales de las naciones en desarrollo y liberarlas de onerosas deudas internacionales.

c. Asegurar que todo comercio apoye el uso sostenible de los recursos, la protección ambiental y las normas laborales progresivas.

d. Involucrar e informar a las corporaciones multinacionales y a los organismos financieros internacionales para que actúen transparentemente por el bien público, y exigirles responsabilidad por las consecuencias de sus actividades.

11. Afirmar la igualdad y equidad de género como prerrequisitos para el desarrollo sostenible y asegurar el acceso universal a la educación, el cuidado de la salud y la oportunidad económica.

a. Asegurar los derechos humanos de las mujeres y las niñas y terminar con toda la violencia contra ellas.

b. Promover la participación activa de las mujeres en todos los aspectos de la vida económica, política, cívica, social y cultural, como socias plenas e iguales en la toma de decisiones, como líderes y como beneficiarias.

c. Fortalecer las familias y garantizar la seguridad y la crianza amorosa de todos sus miembros.

12. Defender el derecho de todos, sin discriminación, a un entorno natural y social que apoye la dignidad humana, la salud física y el bienestar espiritual, con especial atención a los derechos de los pueblos indígenas y las minorías.

a. Eliminar la discriminación en todas sus formas, tales como aquellas basadas en la raza, el color, el género, la orientación sexual, la religión, el idioma y el origen nacional, étnico o social.

b. Afirmar el derecho de los pueblos indígenas a su espiritualidad, conocimientos, tierras y recursos y a sus prácticas vinculadas a un modo de vida sostenible.

c. Honrar y apoyar a los jóvenes de nuestras comunidades, habilitándolos para que ejerzan su papel esencial en la creación de sociedades sostenibles.

d. Proteger y restaurar lugares de importancia que tengan un significado cultural y espiritual.

IV. DEMOCRACIA, NO VIOLENCIA Y PAZ

13. Fortalecer las instituciones democráticas en todos los niveles y brindar transparencia y rendimiento de cuentas en la gobernabilidad, participación inclusiva en la toma de decisiones y acceso a la justicia.

a. Sostener el derecho de todos a recibir información clara y oportuna sobre asuntos ambientales, al igual que sobre todos los planes y actividades de desarrollo que les puedan afectar o en los que tengan interés.

b. Apoyar la sociedad civil local, regional y global y promover la participación significativa de todos los individuos y organizaciones interesados en la toma de decisiones.

c. Proteger los derechos a la libertad de opinión, expresión, reunión pacífica, asociación y disensión.

d. Instituir el acceso efectivo y eficiente de procedimientos administrativos y judiciales independientes, incluyendo las soluciones y compensaciones por daños ambientales y por la amenaza de tales daños.

e. Eliminar la corrupción en todas las instituciones públicas y privadas.

f. Fortalecer las comunidades locales, habilitándolas para que puedan cuidar sus propios ambientes y asignar la responsabilidad ambiental en aquellos niveles de gobierno donde puedan llevarse a cabo de manera más efectiva.

14. Integrar en la educación formal y en el aprendizaje a lo largo de la vida, las habilidades, el conocimiento y los valores necesarios para un modo de vida sostenible.

a. Brindar a todos, especialmente a los niños y los jóvenes, oportunidades educativas que les capaciten para contribuir activamente al desarrollo sostenible.

b. Promover la contribución de las artes y de las humanidades, al igual que la de las ciencias, a la educación sobre la sostenibilidad.

c. Intensificar el papel de los medios masivos de comunicación en la toma de conciencia sobre los retos ecológicos y sociales.

d. Reconocer la importancia de la educación moral y espiritual para una vida sostenible.

15. Tratar a todos los seres vivientes con respeto y consideración.

a. Prevenir la crueldad contra los animales que se mantengan en las sociedades humanas y protegerlos del sufrimiento.

b. Proteger a los animales salvajes de métodos de caza, trampa y pesca que les causen un sufrimiento extremo, prolongado o evitable.

c. Evitar o eliminar, hasta donde sea posible, la toma o destrucción de especies por simple diversión, negligencia o desconocimiento.

16. Promover una cultura de tolerancia, no violencia y paz.

a. Alentar y apoyar la comprensión mutua, la solidaridad y la cooperación entre todos los pueblos tanto dentro como entre las naciones.

b. Implementar estrategias amplias y comprensivas para prevenir los conflictos y utilizar la colaboración en la resolución de problemas para gestionar y resolver conflictos ambientales y otras disputas.

c. Desmilitarizar los sistemas nacionales de seguridad hasta una postura de defensa no provocativa y emplear los recursos militares para fines pacíficos, incluyendo la restauración ecológica.

d. Eliminar las armas nucleares, biológicas y tóxicas y otras armas de destrucción masiva.

e. Asegurar que el uso del espacio orbital y exterior apoye y se comprometa con la protección ambiental y la paz.

f. Reconocer que la paz es la integridad creada por relaciones correctas con uno mismo, otras personas, otras culturas, otras formas de vida, la Tierra y con el todo más grande, del cual somos parte.

EL CAMINO HACIA ADELANTE

Como nunca antes en la historia, el destino común nos hace un llamamiento a buscar un nuevo comienzo. Tal renovación es la promesa de estos principios de la Carta de la Tierra. Para cumplir esta promesa debemos comprometernos a adoptar y promover los valores y objetivos en ella expuestos.

El proceso requerirá un cambio de mentalidad y de corazón; requiere también un nuevo sentido de interdependencia global y responsabilidad universal. Debemos desarrollar y aplicar imaginativamente la visión de un modo de vida sostenible a nivel local, nacional, regional y global. Nuestra diversidad cultural es una herencia preciosa, y las diferentes culturas encontrarán sus propias formas para concretar lo establecido. Debemos profundizar y ampliar el diálogo global que generó la Carta de la Tierra, puesto que tenemos mucho que aprender en la búsqueda colaboradora de la verdad y la sabiduría.

La vida a menudo conduce a tensiones entre valores importantes. Ello puede implicar decisiones difíciles; sin embargo, se debe buscar la manera de armonizar la diversidad con la unidad; el ejercicio de la libertad con el bien común; los objetivos de corto plazo con las metas a largo plazo. Todo individuo, familia, organización y comunidad tiene un papel vital que cumplir. Las artes, las ciencias, las religiones, las instituciones educativas, los medios de comunicación, las empresas, las organizaciones no gubernamentales y los gobiernos están llamados a ofrecer un liderazgo creativo. La alianza entre gobiernos, sociedad civil y empresas es esencial para la gobernabilidad efectiva.

Con el objeto de construir una comunidad global sostenible, las naciones del mundo deben renovar su compromiso con las Naciones Unidas, cumplir con sus obligaciones bajo los acuerdos internacionales existentes y apoyar la implementación de los principios de la Carta de la Tierra, por medio de un instrumento internacional legalmente vinculante sobre medio ambiente y desarrollo.

Que el nuestro sea un tiempo que se recuerde por el despertar de una nueva reverencia ante la vida; por la firme resolución de alcanzar la sostenibilidad; por el aceleramiento en la lucha por la justicia y la paz, y por la alegre celebración de la vida.

En www.earthcharter.org puede hallarse el texto de la Carta de la Tierra en medio centenar de idiomas.

NOTAS

I. Nueva realidad, nueva conciencia

1. Diamond (2005), págs. 79-119 y 286-293. Véase también Worldwatch Institute (2010), págs. 66-67.
2. Declaración del II Parlamento de las Religiones del Mundo, celebrado en Chicago en 1993, «Hacia una ética mundial: Una declaración inicial», en Torradeflot (2002), págs. 81-91. Véase también Küng (1991).
3. *Carta de la Tierra*, sección «El camino hacia adelante».
4. Wangari Maathai, discurso de aceptación del premio Nobel de la Paz (Oslo, 10 de diciembre de 2004).
5. Paul Hawken, en Fundació Terra (2008), pág. 108.
6. Trainer (2007), citado en Hopkins (2008), pág. 79.
7. IUCN: International Union for Conservation of Nature (2007).
8. CADS: Consell Assessor per al Desenvolupament Sostenible (2009), pág. 11.
9. Stanley, Loy y Gyurme Dorje (2009), págs. 266-268.
10. Crompton y Kasser (2009), pág. 67.
11. New Economics Foundation (2009*b*), pág. 38.
12. Boff (2009), pág. 14.
13. Latouche (2010), págs. 338-339.
14. Terricabras (2005), pág. 9. O'Neill, Holland y Light (2008), pág. 1. En la voz *value*, el *Oxford English Dictionary* menciona: «the generally accepted or personally held judgement of what is valuable and important in life».

15. Aristóteles, *Política*, 1257*a*. Adam Smith, *The Wealth of Nations* (1776), «Of the Origin and Use of Money».
16. Como señala el presidente del Worldwatch Institute, en medio de la "frenética actividad" de los esfuerzos por combatir la crisis ecológica, no hemos prestado suficiente atención a las "raíces culturales" del problema (Flavin [2010], pág. 23.)
17. Fromm (1997 [1976]), pág. 8: «For the first time in history the physical survival of the human race depends on a radical change of the human heart». «The New Innocence», reproducido en Panikkar (1993). Panikkar (2007).
18. Así, la Declaración de la Conferencia de Naciones Unidas sobre Medio Ambiente, celebrada en Estocolmo del 5 al 16 de junio del 1972, afirmaba que las personas y organizaciones configurarán el medio ambiente del futuro «a través de sus valores y la suma de sus acciones», y que es «esencial en todos los casos considerar los sistemas de valores que predominan en cada país» (*Declaration of the United Nations Conference on the Human Environment*, Estocolmo, 16 de junio de 1972, Punto 7 y Principio 23). Por su parte, la Carta de Belgrado de 1975, destinada a establecer un marco global para la educación ambiental, remarcaba la necesidad de una *nueva ética global*: «Una ética que promueva actitudes y comportamientos de los individuos y las sociedades en consonancia con el lugar de la humanidad dentro de la biosfera, una ética que reconozca y que responda con sensibilidad a las relaciones complejas y cambiantes entre la humanidad y la naturaleza y entre las personas». La Carta de Belgrado también menciona explícitamente que la educación ambiental requiere desarrollar nuevos «valores y actitudes» (*The Belgrade Charter: A Global Framework for Environmental Education*, 1975, sección «Environmental Situation»).

19. El economista británico William Stanley Jevons (1835-1882) ya constató el "efecto rebote" en relación con la máquina de vapor y el consumo de carbón. Eficiencia en el uso global de recursos: Flavin (2010), pág. xvii.
20. *The Death of Environmentalism*, Shellenberger y Nordhaus (2004).
21. El materialismo también ha entrado en crisis en la física, hasta el punto que físicos eminentes como Schrödinger y Wigner sugirieron que la base de la realidad no es la materia, sino la conciencia y la percepción. Véanse Davies y Gribbin (1992), Pigem (2009, págs. 144-156), Schrödinger (1980 [1944]) y Wigner (1970, págs. 153-199).
22. Worldwatch Institute (2010), págs. 36-38. *Planetary boundaries: exploring the safe operating space for humanity*, Rockström y otros (2009). El énfasis del informe sobre *Los límites del crecimiento* era la disponibilidad de los recursos de los que depende la sociedad industrial. En cambio, el informe sobre *Planetary boundaries* se centra en la dinámica del equilibrio planetario, a partir de lo que en inglés se denomina *Earth System Science* y mediante el uso de metodologías científicas holísticas que tienen en cuenta dinámicas complejas y efectos no lineales.
23. Uno de los mecanismos a través de los que la colisión contra los límites del planeta ha contribuido a la crisis económica global es el encarecimiento del petróleo, fluido vital de nuestro metabolismo económico. Su precio se quintuplicó (!) entre 2003 y 2008, disparando la inflación y empujando a la economía a seguir creciendo por vías cada vez más especultivas e insensatas. Véanse Rubin (2009) y Pigem (2009, págs. 35-41).
24. New Economics Foundation (2010). Existe sobre ello una breve película de animación, *The Impossible Hamster*.

25. Véase por ejemplo www.guardian.co.uk/business/2008/oct/24/economics-creditcrunch-federal-reserve-greenspan (puede verse en YouTube: www.youtube.com/watch?v=R5IZPWNFizQ).
26. Patel (2009).
27. Meadows (1997). Una versión más amplia, publicada póstumamente, se halla en Meadows (2009).
28. Meadows (1997), pág. 84.
29. Véase www.teebweb.org.
30. Tolle (1999), pág. 65.
31. Nasr (1999), pág. 20.
32. Sherrard (1992), pág. 2.
33. Ivan Illich, conferencia pronunciada en Toronto el año 1970. Grabación reproducida en la serie de entrevistas radiofónicas que Illich mantuvo con David Cailey.
34. New Economics Foundation (2009*b*), pág. 38.
35. Latouche (2009).
36. La comparación explícita de nuestro tiempo con las revoluciones agrícola e industrial se encuentra, entre otros, en Gardner, (2001), pág. 190, y en Meadows, Randers y Meadows (2005), pág. 266. Sobre la transformación hacia una sociedad post-petróleo, véase Heinberg y Lerch (2010).

II. La insostenibilidad de una ilusión

1. Schumacher (1979).
2. Bauman (2007), pág. 70.
3. Easterlin (2008), pág. 154.
4. Fromm (1966), pág. 4. Wilkinson y Pickett (2009); Costanza y otros (2007); Kasser (2007); Layard (2005).
5. Smil (2005), citado en Heinberg (2009), pág. 68. Según Smil, el bienestar humano requiere el consumo de unos

50 a 70 gigajulios (GJ); a partir de este nivel y hasta los 100 GJ por persona y año se da un ligero aumento correlativo de la satisfacción vital, pero por encima de los 100 GJ esta correlación desaparece. Según datos del World Resources Institute, el consumo total de energía creció en España de 98 a 140 GJ por persona y año entre 1990 y 2005. Encuesta Mundial de Valores: véanse Inglehart y Klingemann (2000), pág. 171, y Jackson (2008).

6. Layard (2005), págs. 3 y 29-31. Jackson (2009), pág. 40. Costanza, Farley y Kubiszewski (2010), págs. 175-178. Diener y Seligman (2004), citados en Kasser (2007). Gyatso (2000), pág. 18.
7. New Economics Foundation (2009*a*).
8. Jackson (2007). Jackson (2008).
9. Gabriel y Lang (2006), pág. 79. Jackson (2009), pág. 99.
10. Fischer (2002), Kidner (2001), Loy (1996), Zoja (1995), Levin (1987 y 1988). Lasch (1979), págs. 137-138. Twenge (2007), en Wilkinson y Pickett (2009), pág. 33-35.
11. Campbell (2005 [1987]), especialmente el primer capítulo, «The Consumer Revolution in Eighteenth-Century England». McKendrick, Brewer y Plumb (1982), pág. 11. Campbell, (2005 [1987]), 18.
12. Thirsk (1978), págs. 7-14. Lipovetsky (1987). Campbell (2005 [1987]), pág. 22. McKendrick, Brewer y Plumb (1982), pág. 74.
13. Campbell (2005 [1987]), pág. 19.
14. Estos son también los valores que han guiado a la sociedad moderna: la *expansión* económica y el crecimiento material, la *competición* y el afán de *control*, de seguridad y de certeza. Todos ellos generan resultados paradójicos o contraproducentes. Por ejemplo, como escribe Wendell Berry (2001, pág. 26), «la competición destruye la competición; la ley de la competición implica que muchos

competidores, compitiendo sin trabas, acabaran inevitablemente reduciendo el número de competidores a uno solo». Carl Jung (1989 [1961], pág. 247). Como señalaba Fromm (1997 [1976], pág. 116), «la historia de Europa y Norteamérica [...] es una historia de conquista, orgullo, codicia; nuestros valores más altos son ser más fuertes que los demás, ser victoriosos, conquistar a los demás y explotarlos». Por su parte, Gandhi, preguntado en Inglaterra acerca de qué pensaba de la civilización occidental, respondió lacónicamente: «Sería una buena idea».

15. Sensación que en inglés podría expresarse más concisamente como *groundlessness*, ausencia de *ground* (fundamento, suelo).
16. Loy (1996), pág. ix, y Loy (2002). Frankl (1985 [1949]), pág. 128. Gabriel y Lang (2006), págs. 79-85.
17. *Entzauberung der Welt*: Weber (1995 [1919]). Ritzer (2010). El hecho de que casi todas las culturas se hayan pasado al consumismo no significa que responda a alguna necesidad esencial de la naturaleza humana. A medida que las culturas pierden su arraigo en un cosmos a escala humana, asimilan nuestra identidad atomizada en un mundo desencantado y acaban anhelando, como compensación, el consuelo del consumo.
18. «Tu vida está vacía? El consumo promete llenar este vacío que duele», Lasch (1979), pág. 138. Véanse también Roszak (2001, pág. 326), y Jackson (2007).
19. Veblen (1975 [1899]). Gabriel y Lang (2006), pág. 78; Jackson (2009), págs. 100-102. Black (2007) estima que, en el caso de Estados Unidos, el trastorno clínico definido como compra compulsiva afecta al 5,8% de la población.
20. Lasch (1979), pág. 38. El consumismo fomenta el narcisismo «not because it makes people grasping and self-assertive but because it makes them weak and dependent. It

undermines their confidence in their capacity to understand and shape the world and to provide for their own needs», Lasch (1984), pág. 33.

21. Dado que las sociedades más desiguales son también más violentas, Wilkinson y Pickett (2009, pág. 40) llegan a afirmar que «al jugar con nuestro miedo a no ser suficientemente respetados, los publicistas podrían incluso estar contribuyendo al nivel de violencia de una sociedad».
22. Véase Robert M. Wallace (1990, pág. xvii): «Por qué, desde el siglo XVII, estamos tan preocupados con la seguridad y la supervivencia, somos tan conscientes de la escasez, estamos tan decididos a adquirir medios de todo tipo (capital, tecnología, explicaciones mecanicistas del mundo)?».
23. Los !Kung forman parte del grupo de nómadas del África sudoccidental que los ingleses llamaron despectivamente "bushmen" o bosquimanos (el signo de exclamación antes de *kung* indica un chasquido sin equivalencia en nuestro alfabeto).
24. Todas las citas proceden de Mander (1992).
25. Sahlins (2008), págs. 44 y 47-48.
26. Sahlins (2008), pág. 51: «Para la mayor parte de la humanidad, el egoísmo (*self-interest*) tal como nosotros lo conocemos es innatural en el sentido normativo: se considera como locura, brujería u otras condiciones que requieren ostracismo, ejecución o como mínimo terapia».
27. Sahlins (2008), págs. 2, 88-97 y 98. Jenkins (1998, pág. 151) coincide en que «recurrir la ética tradicional occidental no serviría de nada para mitigar la insostenibilidad», porque la insostenibilidad del mundo contemporáneo tiene «profundas raíces en la tradición religiosa y filosófica occidental».
28. Camus (1966 [1951]), pág. 224. Teresa de Ávila: Fragmento de *Vivo sin vivir en mí*.

El *Manifiesto comunista* de Marx y Engels (1848) elogia la subyugación (*Unterjochung*) de la naturaleza, como hacen muchos otros textos clave de nuestra cultura. Como ya señaló White (1967), podemos encontrar esta actitud en el primer texto canónico de la tradición judeocristiana, el libro primero del Génesis. Allí el ser humano es radicalmente distinto del resto de los seres vivos y se le encarga la tarea explícita de *dominar* la Tierra y *someter* a sus criaturas. El pasaje más relevante, en la versión de la Biblia de Jerusalén (edición de 1975, descargable en Wikisource), es el siguiente (Génesis, 1:26-28, la cursiva es nuestra):

«Dios dijo: "Hagamos al hombre a nuestra imagen, según nuestra semejanza; y *que le estén sometidos los peces del mar y las aves del cielo, el ganado, las fieras de la tierra, y todos los animales que se arrastran por el suelo*".

»Y Dios creó al hombre a su imagen; lo creó a imagen de Dios, los creó varón y mujer.

»Y los bendijo, diciéndoles: "Sean fecundos, multiplíquense, *llenen la tierra y sométanla; dominen a los peces del mar, a las aves del cielo y a todos los vivientes que se mueven sobre la tierra*"».

Pese a ello, podemos encontrar una clara sensibilidad ecológica en muchos continuadores de esta tradición, desde san Francisco de Asís a *The Green Bible* y a figuras contemporáneas como los rabinos Michael Lerner y Arthur Waskow o los teólogos Leonardo Boff, Paul Knitter y Raimon Panikkar. Véanse también Goleman (1997), págs. 192-193, y el análisis históricamente detallado de Glacken (1967) y del teólogo ortodoxo Philip Sherrard (1987).

29. Condorcet (1970 [1794]), pág. 3.
30. World Values Survey (www.worldvaluessurvey.org). Inglehart y Welzel (2005), págs. 299 y 126.
31. Inglehart y Welzel (2005), págs. 97, 104 y 33.

32. Inglehart y Welzel (2005), págs. 55-56. Las encuestas se realizaron en los años 1990 y 1996. Estas son seis de las siete afirmaciones que tienen una correlación igual o superior a 0,75 con el llamado *survival/self-expression values index*. La afirmación restante no tiene tanto que ver con las ideas y preferencias personales como con el hecho de que hay una correlación entre los valores de autoexpresión y el bienestar económico: «el encuestado está satisfecho con la situación económica de su hogar».
33. Inglehart (1977), pág. 41, Inglehart y Welzel (2005), págs. 98 y 139. Véanse Maslow (1968 y 1993 [1971]) y Sempere (2009), pág. 243.
34. Inglehart y Welzel (2005), págs. 5, 6, 139, 149-209 y 270-271. Maslow (1993 [1971]), págs. 289 y ss., 365 y ss. Parece haber un interesante paralelismo con los estadios del desarrollo moral estudiados por Lawrence Kohlberg: de la moral pre-convencional (en la que actúo como me place) se pasa a la moral convencional (actúo según lo que dicta la ley o el grupo social) y a la moral post-convencional (en la que, cuando es necesario, puedo desafiar a la ley para seguir una ética más solidaria y universal). Véase Kohlberg (1981).
35. Hawken (2007).

III. Valores para un mundo en transformación

1. Tolle (1999), pág. 132.
2. Schumacher (1974), pág. 26.
3. Meadows, Randers y Meadows (2004), págs. 271-284.
4. Camus (1966 [1951]), pág. 345. Pigem (1994), especialmente el capítulo 8: «La reconciliación con el mundo». Jenkins (1998), pág. 162.

5. Véanse las obras clásicas de Abraham Maslow (1968 y 1993 [1971]). «What I believe» (1930), en Einstein (2005), pág. 137.
6. Einstein (2005), pág. 166. Maragall (1947), pág. 638.
7. Carta de san Bernardo a Heinrich Murdach, citada en Glacken (1967), pág. 213.
8. Perejaume (2007).
9. Panikkar (2008). Sobre la ecosofía en Arne Naess, véanse Naess (1989; 2002, págs. 100-101) y Pigem (2003).
10. Louv (2008).
11. Citado en Skutnabb-Kangas (2000).
12. Gandhi, citado en New Economics Foundation (2009*b*), pág. 85.
13. Naess (1973 y 2002, págs. 108-109); Pigem (2004).
14. Margalef (1980), pág. 9.
15. "Responsabilidad planetaria" es una expresión utilizada, entre otros, por Bauman (2009). New Economics Foundation (2009*b*).
16. Andrews y Urbanska (2010); Sempere (2009), págs. 218-229; Wann (2007); Merkel (2005); Durning (1992) págs. 141 y ss. Jackson (2009), pág. 149. La reflexión sobre la suficiencia y la autocontención es uno de los ejes del pensamiento de Jorge Riechmann.
17. De Mello (1982), págs. 132-133.
18. El Worldwatch Institute (2010, págs. 285-286) ha elogiado la iniciativa del Gobierno español de prohibir la publicidad en la televisión pública. São Paulo, la cuarta ciudad más grande del planeta, prohibió en 2007 la publicidad en los espacios públicos e hizo retirar 15.000 vallas publicitarias.
19. Véase Naht Hahn (1991), págs. 95-96. Los poetas, que ven vínculos que la percepción prosaica ignora, siempre han sido conscientes de la interdependencia de las cosas. Así,

Joan Maragall (1947, pág. 566) percibía un ritmo común «en el moverse de las olas en el mar, y en el petrificado oleaje de las montañas; en la disposición de las ramas en el tronco, y en el abrirse de las hojas; en los cristales de las piedras preciosas, y en los miembros de todo cuerpo animal...».

20. Véase Loy (1993), pág. 481.
21. Schumacher (1974), capítulo 10.
22. El modelo de las *Transition towns* recupera el sentido de comunidad, a la vez que trabaja de manera práctica para fomentar la resiliencia y la adaptación proactiva a un mundo post-petróleo; véase Hopkins (2008). Boaventura de Sousa Santos (2005, págs. 130-138) ha formulado desde una óptica participativa «Quince tesis para la profundización de la democracia».
23. Patel (2008), pág. 11,
24. Wilkinson y Pickett (2009). El índice de delincuencia, por ejemplo, tiene una correlación mayor con el nivel de desigualdad de una sociedad que con el nivel de riqueza.
25. New Economics Foundation (2009*c*), pág. 27.
26. Riechmann (2009), pág. 15.
27. Keynes, «On National Self-Sufficiency», 1933, citado en New Economics Foundation (2009*b*), pág. 56.
28. New Economics Foundation (2009*b*), pág. 59. Véase www.uktradeinfo.com.
29. New Economics Foundation (2009*b*), pág. 63.
30. Gandhi (1997 [1938]).
31. Petrini (2007). Gallis (2010), Novo (2010). Orr (1996).
32. Schumacher (1974), pág. 124.
33. Illich (1974).
34. Véase Cheynet (2006), págs. 161-164.
35. Jackson (2009), págs. 144-150. LaDuke (1994), pág. 25.
36. Illich (1973).

37. «Religion and Science: Irreconciliable?» (1948), en Einstein (2005), pág. 166.
38. «Del vivir», en Maragall (1947), pág. 840. New Economics Foundation (2008), págs. 5-6 y 10-12. Patel (2009), pág. 29.
39. De Waal (2010), Rifkin (2010). Meadows, Randers y Meadows (2004, pág. 281) señalan que: «la revolución de la sostenibilidad deberá ser, sobre todo, una transformación colectiva que permita que lo mejor de la naturaleza humana, y no lo peor, pueda expresarse y ser nutrido».
40. Csikszentmihalyi (2008 [1990]).
41. Jenkins (1998), págs. 156 y 162.
42. New Economics Foundation (2008), págs. 6-10. Walker y otros (2004). Maslow (1998), pág. 11.
43. Riechmann (2009), pág. 13. Véase Tolle (1999, pág. 72, así como muchos otros de sus textos). Jorge Guillén, «Perfección», en *Cántico*. Algo similar decía Joan Maragall en estas líneas («Del vivir», en Maragall [1947], pág. 841): «Ámalo tú, al menos, este momento que pasa... que no pasa, créeme, porque estamos sellados en eternidad, y todo nos es actual; y en este que llamas momento está todo tu pasado y todo tu porvenir. Amando, pues, el momento, vives eternamente». Entre los grandes filósofos occidentales, Spinoza expresa rotundamente que la eternidad es ahora: *sentimus, experimurque, nos aeternos esse*, "sentimos y experimentamos que somos eternos" (*Ethica*, parte V, escolio a la proposición XXIII).
44. Fromm, (1997 [1976]). Zagajewski (2003).
45. Maslow (1968), pág. 16. Fromm (1974), pág. 33. El verdadero objetivo de Marx no era otro que «el desarrollo de la riqueza de la naturaleza humana» (Bloch [2007], pág. 509).
46. Naess (1989 y 1995); Naess (2002), págs. 113-115; Naess (1974), pág. 111; Naess (1974), pág. 114. Goleman (1997), págs. 189-192, recoge la incredulidad del Dalai Lama

cuando en un encuentro con psicólogos y académicos occidentales le hablan de la falta de autoestima en las sociedades occidentales contemporáneas.

47. Naess (1974), págs. 28 y 98.
48. «Somos lo que pensamos. Todo lo que somos se origina con nuestros pensamientos. Con nuestros pensamientos hacemos el mundo», dice el principio del *Dhammapada*. Gyatso (2000), pág. 18.
49. Gandhi (1982 [1927-29]), págs. 274-275.
50. Maslow (1993 [1971]), pág. 291.
51. Fromm (1956). Meadows (1992, 1995); Donella Meadows también recoge elogiosamente estas palabras de Gandhi: «La ley del amor gobierna el mundo. La vida perdura pese a la muerte. El universo continúa pese a la destrucción que ocurre de modo incesante. La verdad triunfa sobre la mentira. El amor conquista al odio».
52. Loy (1988). Gandhi, citado en Naess (1995), pág. 233.
53. Joan Maragall (1947), págs. 840-841.

BIBLIOGRAFÍA

ANDREWS, Cecile y URBANSKA, Wanda (2010), «Mostrar a la gente que menos es más», en Worldwatch Institute (2010), págs. 333-343.

ARENDT, Hannah (1959), *The Human Condition*, Chicago: Chicago University Press (*La condición humana*, Barcelona: Paidós, 2005).

BAUDRILLARD, Jean (2009 [1974]), *La sociedad de consumo*, Madrid: Siglo XXI.

BAUMAN, Zygmunt (2007), *Vida de consumo*, Madrid: FCE.

— (2009), *Does Ethics have a Chance in a World of Consumers?*, Cambridge, Harvard University Press (*Mundo consumo*, Barcelona: Paidós, 2010).

BENJAMIN, Walter (1982), *Gesammelte Schriften*, vol. V/1, *Das Passagen-Werk*, Frankfurt: Suhrkamp (*Libro de los pasajes*, Madrid: Akal, 2005).

BERRY, Wendell (2001), «Global problems, local solutions», *Resurgence* 256, mayo-junio.

BILBENY, Norbert (2010), *Ecoética: Ética del medio ambiente*, Barcelona: Aresta.

BINDÉ, Jérôme (ed., 2005), *Cap on van els valors?*, Barcelona: Angle/Unescocat.

BLACK, Donald W. (2007), «A review of compulsive buying disorder», *World Psychiatry* 6:1, febrero, págs. 14-18.

BLOCH, Ernst (2007 [1938-1947]), *El principio esperanza*, vol. 3, Madrid: Trotta.

BOFF, Leonardo (2009), «El ser humano se presenta como un proyecto infinito», entrevista de Odile Rodríguez de la Fuente, *Agenda Viva* 18, pág. 14.

CAMUS, Albert (1966 [1951]), *L'home revoltat*, Barcelona: Vergara (*El hombre rebelde*, Madrid: Alianza, 2010).

CAMPBELL, Colin (2005 [1987]), *The Romantic Ethic and the Spirit of Modern Consumerism*, York: Alcuin Academics.

CAPRA, Fritjof y STEINDL-RAST, David (1993), *Belonging to the Universe*, Londres: HarperCollins (*Pertenecer al universo*, Madrid: Edaf, 2006).

CHEYNET, Denis (2006), «El automóvil es irracional», en *Objetivo decrecimiento*, Barcelona: Leqtor, págs. 152-177.

CLIMENT, Eliseu T. (ed., 2009), *Participar: Com incidir en les decisions que afecten el territori*, Valencia: Institut del Territori / Tres i Quatre.

CONDORCET, M.-J.-A.-N. de (1970 [1794]), *Esquisse d'un tableau historique des progrés de l'esprit humain*, París: Vrin.

CONSELL ASSESSOR PER AL DESENVOLUPAMENT SOSTENIBLE (2009), *Reptes per a la sostenibilitat de Catalunya*, Barcelona: Generalitat de Catalunya.

COSTANZA, Robert, FARLEY, JOSHUA y KUBISZEWSKI, Ida (2010), «Adaptar las instituciones para vivir en un mundo lleno», en Worldwatch Institute (2010), págs. 173-182.

COSTANZA, Robert, FISHER, Brendan, S. ALI, C. BEER, L. BOND, R. BOUMANS, N. L. DANIGELIS, J. DICKINSON, C. ELLIOTT, J. FARLEY, D. E. GAYER, L. M. GLENN, T. HUDSPETH, D. MAHONEY, L. MCCAHILL, B. MCINTOSH, B. REED, S. A. T. RIZVI, D. M. RIZZO, T. SIMPATICO y R. SNAPP (2007), «Quality of life: An approach integrating opportunities, human needs, and subjective well-being», *Ecological Economics* 61: 2-3, marzo, págs. 267-276 (descargable en http://www.uvm.edu).

CROMPTON, Tom y KASSER, Tim (2009), *Meeting Environmental*

Challenges: The Role of Human Identity, Godalming (Gran Bretaña): WWF.

CSIKSZENTMIHALYI, Mihalyi (2008 [1990]), *Flow: The Psychology of Optimal Experience*, Nueva York: Harper (*Fluir: Una psicología de la felicidad*, Barcelona: Kairós, 2008).

DAVIES, Paul y GRIBBIN, John (1992), *The Matter Myth*, Londres: Penguin (*Los mitos de la materia*, Madrid: McGraw Hill, 1994).

DE MELLO, Anthony (1982), *The Song of the Bird*, Nueva York: Image Books.

DE SOUSA SANTOS, Boaventura (2005), *Foro Social Mundial*, Barcelona: Icaria.

DE WAAL, Frans de (2010), *The Age of Empathy*, Londres: Souvenir (*La edad de la empatía*, Barcelona: Tusquets, 2011).

DIAMOND, Jared (2005), *Collapse: How Societies Choose to Fail or Survive*, Londres: Penguin (*Colapso*, Madrid: Debate, 2006).

DIENER, E. y SELIGMAN, M. E. P. (2004), «Beyond Money: Toward an Economy of Well-Being», *Psychological Science in the Public Interest*, 5, págs. 1-31.

DURNING, Alan Thein (1992), *How Much is Enough?*, Londres: Earthscan (*Cuando es bastante*, Madrid: Apóstrofe, 1994).

EASTERLIN, Richard (2008), *Growth Triumphant: The 21st Century in Historical Perspective*, Ann Arbor: University of Michigan.

EINSTEIN, Albert (2005), *Física i realitat i altres escrits filosòfics*, Santa Coloma de Queralt: Obrador Edèndum.

FISCHER, Andy (2002), *Radical Ecopsychology*, Albany: State University of New York Press.

FOLCH, Ramon (1977), *Sobre ecologismo y ecología aplicada*, Barcelona: Ketres.

FLAVIN, Christopher (2010), «Prefacio», en Worldwatch Institute (2010).

FRANKL, Viktor (1985 [1949]), *Man's Search for Meaning*, Nueva York: Washington Square Press (*El hombre en busca de sentido*, Barcelona: Herder, 2004).

FROMM, Erich (1966), «The Psychological Aspects of the Guaranteed Income», descargable en www.erich-fromm.de.

— (1956), *The Art of Loving*, Nueva York: Harper and Row (*El arte de amar: Una investigación sobre la naturaleza del amor*, Barcelona: Paidós, 2009).

— (1974), *The Anatomy of Human Destructiveness*, Londres: Pimlico (*Anatomía de la destructividad humana*, Madrid: Siglo XXI, 1987).

— (1997 [1976]), *To Have or to Be?*, Londres: Continuum (*¿Tener o ser?*, Madrid: Fondo de Cultura Económica, 1999).

FUNDACIÓ TERRA (2008), *La hora 11: Guía para la acción en la penúltima hora*, Barcelona: Fundació Terra.

GABRIEL, Yiannis y LANG, Tim (2006), *The Unmanageable Consumer*, Londres: Sage.

GANDHI, Mohandas K. (1982 [1927-29]), *An Autobiography: Or the Story of my Experiments with Truth*, Londres: Penguin.

— (1997 [1938]), *Hind Swaraj*, Cambridge: Cambridge University Press.

GALLIS, Helene (2010), «El movimiento *Slow Food* (Comida lenta)», en Worldwatch Institute (2010), pág. 340.

GARDNER, Gary (2001), «Accelerating the Shift to Sustainability», en Worldwatch Institute (2001).

GLACKEN, Clarence J. (1967), *Traces on the Rhodian Shore: Nature and Culture in Westren Thought from Ancient Times to the End of the Eighteenth Century*, Los Ángeles: University of California Press.

GOLEMAN, Daniel (ed., 1997), *Healing Emotions*, Boston: Shambhala (*La salud emocional*, Barcelona, Kairós, 1997).

— (2000), *Intel·ligència emocional*, Barcelona: Kairós.

— (2007), *Intel·ligència social*, Barcelona: Kairós.

GYATSO, Tenzin (14º Dalai Lama, 2000), *Ancient Wisdom, Modern World: Ethics for a New Millenium*, Londres: Abacus.

HAWKEN, Paul (2007), *Blessed Unrest: How the Largest Social Movement in History is Restoring Grace, Justice and Beauty to the World*, Nueva York: Penguin.

HEINBERG, Richard (2009), *Searching for a Miracle*, San Francisco: The International Forum on Globalization / Post Carbon Institute.

— y LERCH, Daniel (eds. 2010), *The Post-Carbon Reader*, Healdsburg (California): Watershed Media.

HOPKINS, Rob (2008), *The Transition Handbook*, Green Books, Totnes.

ILLICH, Ivan (1973), *Tools for Conviviality*, Nueva York: Harper and Row.

— (1974), *Energía y equidad*, Barcelona: Barral.

INGLEHART, Ronald (1997), *The Silent Revolution*, Princeton: Princeton University Press.

— y KLINGEMANN, Hans-Dieter (2000), «Genes, Culture, Democracy and Happiness», en Ed DIENER y Eunkook SUH, *Culture and Subjective Well-being*, Cambridge: The MIT Press.

— y WELZEL, Christian (2005), *Modernization, Cultural Change and Democracy*, Cambridge: Cambridge University Press.

INTERNATIONAL UNION FOR THE CONSERVATION OF NATURE (IUCN) ETHICS SPECIALIST GROUP, BIOSPHERE ETHICS PROJECT (2007), *On Ethics and Extinction*, informe del taller celebrado en Windblown Hill, Illinois, Estados Unidos, 11-14 de septiembre.

JACKSON, Tim (2007), «Where on Earth will it End –Consumerism as Theodicy», *Sofia* 85, págs. 5-9.

— (2008), «El reto de un mundo sostenible», en Worldwatch Institute (2008).

— (2009), *Prosperity without Growth*, Londres: Earthscan.

JENKINS, T.N. (1998), «Economics and the Environment: a Case of Ethical Neglect», en *Ecological Economics* 26, págs. 151-163.

JENSEN, Robert (2008), «The Delusion Revolution: We're on the Road To Extinction and in Denial», en AlterNet.org.

JUNG, Carl Gustav (1989 [1961]), *Memories, Dreams, Reflections*, Nueva York: Random House (*Recuerdos, sueños, pensamientos*, Barcelona: Seix Barral, 1999).

KASSER, Tim (2002), *The High Price of Materialism*, Cambridge: The MIT Press.

— (2007), «Values and Prosperity», texto presentado a la Sustainable Development Commission, descargable en www.sd-commission.org.uk.

KIDNER, David W. (2001), *Nature and Psyche*, Albany: State University of New York Press.

KNITTER, Paul y MUZAFFAR, Chandra (2003), *Subverting Greed*, Maryknoll (Nueva York): Orbis.

KOHLBERG, Lawrence (1981), *The Philosophy of Moral Development (Essays on Moral Development*, vol. I), San Francisco: Harper and Row.

KÜNG, Hans (1991), *Proyecto de una ética mundial*, Madrid: Trotta.

LADUKE, Winona (1994), *Learning from Native Peoples*, Great Barrington: E. F. Schumacher Society.

LASCH, Christopher (1979), *The Culture of Narcissism*, Nueva York: Norton.

— (1984), *The Minimal Self*, Nueva York: Norton.

LATOUCHE, Serge (2009), *Pequeño tratado del decrecimiento sereno*, Barcelona: Icaria.

— (2010), «El creciente movimiento por el decrecimiento», en Worldwatch Institute (2010), págs. 338-339.

LAYARD, Richard (2005), *Happiness: Lessons from a New Science*, Londres: Penguin.

LERNER, Michael (1997), *The Politics of Meaning*, Nueva York: Perseus.

— (2000), *Spirit Matters*, Charlottesville (Virginia): Hampton Roads.

LEVIN, David M. (ed., 1987), *Pathologies of the Modern Self: Postmodern Studies on Narcissism, Schizophrenia and Depression*, Nueva York y Londres: New York University Press.

— (1988), *The Opening of Vision: Nihilism and the Postmodern Situation*, Londres: Routledge.

LÉVI-STRAUSS, Claude (2001 [1978]), *Myth and Meaning*, Londres: Routledge (*Mito y significado*, Madrid: Alianza, 2002).

LIPOVETSKY, Gilles (1987), *El imperio de lo efímero: La moda y su destino en las sociedades modernas*, Barcelona: Anagrama.

LOUV, Richard (2008), *Last Child in the Woods*, Chapel Hill: Algonquin.

LOY, David (1988), *Nonduality: A Study in Comparative Philosophy*, New Haven: Yale University Press (*No dualidad*, Barcelona: Kairós, 2000).

— (1993), «Indra's Postmodern Net», *Philosophy East and West*, 43:3, julio, págs. 481-510.

— (1996), *Lack and Transcendence*, Nueva Jersey: Humanities Press.

— (2002), *A Buddhist History of the West: Studies in Lack*, Albany: State University of New York Press.

— (2008), «The Three Poisons, Institutionalized», en Loy, *Money, Sex, War, Karma*, Boston: Wisdom, págs. 87-94 (*Dinero, sexo, guerra, karma*, Barcelona: Kairós, 2009).

MANDER, Jerry (1992), *In the Absence of the Sacred*, San Francisco: Sierra Club (*En ausencia de lo sagrado*, Palma de Mallorca: Olañeta, 2001).

— (2007), *Manifesto on Global Economic Transitions*, San Francisco: The International Forum on Globalization.

MARAGALL, Joan (1947), *Obres Completes*, Barcelona: Selecta.

MARGALEF, Ramon (1973), «Ecological theory and prediction in the study of the interaction between man and the rest of the biosphere», *Ökologie und Lebensschutz in internalionaler Sicht*, Friburgo: Rombach, págs. 307-353.

— (1980), *La biosfera: entre la termodinámica y el juego*, Barcelona: Omega.

MARX, Karl (1984 [1844]), *Manuscritos: Economía y filosofía*, Madrid: Alianza.

MASLOW, Abraham (1968), *Towards a Psychology of Being*, Princeton: Van Nostrand (*El hombre autorrealizado*, Barcelona: Kairós, 2009).

— (1993 [1971]), *The Farther Reaches of Human Nature*, Nueva York: Penguin (*La personalidad creadora*, Barcelona: Kairós, 2008).

— (1998), *Maslow on Management*, Nueva York: John Wiley and Sons.

MCKENDRICK, Neil, BREWER, John y PLUMB, J.H. (1982), *The Birth of a Consumer Society*, Londres: Europa Publications.

MEADOWS, Donella (1992), «There are Limits to Growth, but no Limits to Love», 30 de abril, reproducido en www.sustainer.org.

— (1995), «An Early Morning Conversation with Gandhi», 30 de noviembre, reproducido en www.sustainer.org.

— (1997), «Places to Intervene in a System», *Whole Earth Catalogue*, invierno, págs. 78-84, reproducido en www.sustainer.org.

— (2009), «Leverage Points–Places to Intervene in a System», en *Thinking in Systems*, Londres: Earthscan, págs. 145-165.

—, RANDERS, Jorgen y MEADOWS, Dennis (2005), *Limits to Growth: The 30-year Update*, Londres: Earthscan (*Los límites del crecimiento 30 años después*, Barcelona: Galaxia Gutenberg, 2006).

MERKEL, Jim (2005), *Simplicidad radical*, Barcelona: Fundació Francesc Ferrer i Guàrdia.

MORIN, Edgar (2008), *El año I de la era ecológica*, Barcelona: Paidós.

NAESS, Arne (1973), «The Shallow and the Deep, Long-Range Ecology Movements: A Summary», *Inquiry*, 16, págs. 95-100.

— (1974), *Gandhi and Group Conflict*, Oslo: Universitetsforlaget.

— (1989), *Ecology, Community and Lifestyle*, Cambridge: Cambridge University Press.

— (1995), «Self-realization: An Ecological Approach to Being in the World», en Sessions (1995), págs. 225-239.

— (2002), *Life's Philosophy: Reason and Feeling in a Deeper World*, Athens (Georgia): The University of Georgia Press.

NASR, Seyyed Hossein (1999), *The Spiritual and Religious Dimensions of the Environmental Crisis*, Londres: The Temenos Academy.

NEW ECONOMICS FOUNDATION (2008), *Five Ways to Well-Being*, informe descargable en www.neweconomics.org.

— (2009*a*), *The Happy Planet Index 2.0*, informe descargable en www.neweconomics.org.

— (2009*b*), *The Great Transition*, informe descargable en www.neweconomics.org.

— (2009*c*), *A Bit Rich*, informe descargable en www.neweconomics.org.

— (2010), *Growth isn't possible*, informe descargable en www.neweconomics.org.

NHAT HANH, Thich (1991), *Peace is Every Step*, Nueva York: Bantam (*Hacia la paz interior*, Barcelona: Debolsillo, 2005).

NOVO, María (2010), *Despacio, despacio*, Barcelona: Obelisco.

O'NEILL, John, HOLLAND, Alan y LIGHT, Andrew (2008), *Environmental Values (Routledge Introductions to Environment Series)*, Londres y Nueva York: Routledge.

ORR, David (1996), «Slow Knowledge», *Resurgence* 179, págs. 30-32.

PANIKKAR, Raimon (1993), *La nueva inocencia*, Estella: Verbo Divino.

— (2007), «L'altro fa parte di noi», en Massimo CACCIARI, Jean Leonard TOUADI y Raimon PANIKKAR, *Il problema dell'altro*, Città di Castello: L'altrapagina.

— (2008), «En la lucha con la Tierra el hombre perderá», entrevista de Jordi Pigem, *Namaste* 58, agosto, págs. 48-52.

PATEL, Raj (2008), *Obesos y famélicos: El impacto de la globalización en el sistema alimentario mundial*, Barcelona: Los libros del lince.

— (2009), *The Value of Nothing*, Londres: Portobello Books (*Cuando nada vale nada*, Barcelona: Los libros del lince, 2010).

PEREJAUME (2007), *La obra y el miedo*, Barcelona: Galaxia Gutenberg.

PETRINI, Carlo (2007), *Buono, pulito e giusto. Principi di nuova gastronomia*, Turín: Einaudi.

PIGEM, Jordi (1994), *La odisea de Occidente*, Barcelona: Kairós.

— (2003), «Ascending to go deeper», *Resurgence* 221, noviembre-diciembre, págs. 60-61.

— (2007), *El pensament de Raimon Panikkar: Interdependència, pluralisme, interculturalitat*, Barcelona: Institut d'Estudis Catalans.

— (2009), *Buena crisis: Hacia un mundo postmaterialista*, Barcelona: Kairós.

RIECHMANN, Jorge (2009), *La habitación de Pascal: Ensayos para fundamentar éticas de suficiencia y políticas de autocontención*, Madrid: Los libros de la catarata.

RIFKIN, Jeremy (2010), *La civilización empática*, Barcelona: Paidós.

RITZER, George (2010), *Enchanting a Disenchanted World* (3ª edición, revisada), Thousand Oaks (California): Pine Forge Press.

ROCKSTRÖM, Johan, W. STEFFEN, K. NOONE, Å. PERSSON, F. S. CHAPIN, III, E. LAMBIN, T. M. LENTON, M. SCHEFFER, C. FOLKE, H. SCHELLNHUBER, B. NYKVIST, C. A. DE WIT, T. HUGHES, S. VAN DER LEEUW, H. RODHE, S. SÖRLIN, P. K. SNYDER, R. COSTANZA, U. SVEDIN, M. FALKENMARK, L. KARLBERG, R. W. CORELL, V. J. FABRY, J. HANSEN, B. WALKER, D. LIVERMAN, K. RICHARDSON, P. CRUTZEN y J. FOLEY (2009), «Planetary Boundaries: Exploring the safe operating space for humanity», *Ecology and Society* 14(2): 32 (diciembre), también en www.stockhlmresilience.org.

ROSZAK, Theodore (2001), *The Voice of the Earth*, Grand Rapids: Phanes.

RUBIN, Jeff (2009), *Why your World is About to Get a Whole Lot Smaller*, Londres: Virgin (*Por qué el mundo está a punto de hacerse mucho más pequeño*, Barcelona: Urano, 2010).

RUSSELL, Bertrand (1963), *Mysticism and Logic*, Londres: Unwin (*Misticismo y lógica*, Barcelona: Edhasa, 2001).

SAHLINS, Marshall (2008), *The Western Illusion of Human Nature*, Chicago: Prickly Paradigm Press.

SCHRÖDINGER, Erwin (1980 [1944]), *What is Life? Mind and Matter*, Cambridge: Cambridge University Press (*Mente y materia. ¿Qué es la vida?*, Madrid: Katz, 2011).

SCHUMACHER, Ernst F. (1974), *Small is Beautiful*, Londres: Abacus (*Lo pequeño es hermoso*, Madrid: Akal, 2011).

— (1979), *Good Work*, Londres: Jonathan Cape (*El buen trabajo*, Madrid: Debate, 1980).

SCHWEITZER, Albert (1931), *Aus meinem Leben und Denken*, Leipzig: Meiner.

SEMPERE, Joaquim (2009), *Mejor con menos: Necesidades, explosión consumista y crisis ecológica*, Barcelona: Los libros del lince.

SESSIONS, George (ed., 1995), *Deep Ecology for the 21st Century*, Boston: Shambhala.

SHELLENBERGER, Michael y NORDHAUS, Ted (2004), «The Death of Environmentalism: Global Warming Politics in a Post-Environmental World», en www.thebreakthrough.org.

SHERRARD, Philip (1987), *The Rape of Man and Nature*, Ipswich: Golgonooza.

— (1992), *Human Image, World Image*, Ipswich: Golgonooza.

SKUTNABB-KANGAS, Tove (2000), *Linguistic Genocide in Education –or Worldwide Diversity and Human Rights?*, Mahwah (Nueva Jersey): Lawrence Erlbaum Associates.

SMIL, Vaclav (2005), *Energy at the Crossroads: Global Perspectives and Uncertainties*, Cambridge: The MIT Press.

STANLEY, John, LOY, David R. y GYURME DORJE (eds., 2009), *A Buddhist Response to the Climate Emergency*, Boston: Wisdom Publications.

STERN, Daniel (2004), *The Present Moment in Psychotherapy and Everyday Life*, Nueva York: Norton.

TERRICABRAS, Josep-Maria (2005), «Pròleg» en BINDÉ (2005).

THIRSK, Joan (1978), *Economic Policy and Projects: The Development of a Consumer Society in Early Modern England*, Oxford: Clarendon Press.

THOREAU, Henry David (2009), *Henry David Thoreau: Textos essencials*, edición de Antonio Casado da Rocha, Valencia: Tres i Quatre.

TOLLE, Eckhart, (1999), *The Power of Now*, Londres: Hodder and Stoughton (*El poder del ahora*, Madrid: Gaia, 2006).

— (2003), *Stillness Speaks*, Londres: Hodder & Stoughton (*El silencio habla*, Madrid: Gaia, 2009).

— (2005), *A New Earth;* Londres: Penguin (*Un nuevo mundo, ahora*, Barcelona: Grijalbo, 2009).

TORRADEFLOT, Francesc (ed., 2002), *Diálogo entre religiones: Textos fundamentales*, Madrid: Trotta, 2002.

TORRALBA, Francesc (2010), *Inteligencia espiritual*, Barcelona: Plataforma.

TWENGE, Jean M. (2007), «The Age of Anxiety? Birth Cohort Change in Anxiety and Neuroticism», *Journal of Personality and Social Psychology*, 79:6, págs. 1.007-1.021.

TRAINER, Ted (2007), *Renewable Energy Cannot Sustain a Consumer Society*, Nueva York: Springer.

VEBLEN, Thorstein (1975 [1899]), *The Theory of the Leisure Class*, Nueva York: Kelley (*Teoría de la clase ociosa*, Madrid: Alianza, 2004).

WALKER, Brian, C. S. HOLLING, S. R. CARPENTER y A. KINZIG (2004), «Resilience, adaptability and transformability in social–ecological systems», *Ecology and Society* 9(2): 5, descargable en www.ecologyandsociety.org.

WALLACE, Robert M. (1990), «Translator's Introduction» en BLUMENBERG, Hans, *The Genesis of the Copernican World*, Cambridge: The MIT Press.

WANN, David (2007), *Simple Prosperity: Finding Real Wealth in a Sustainable Lifestyle*, Nueva York: St. Martin's Press.

WEBER, Max (1995 [1919]), *Wissenschaft als Beruf*, Ditzingen: Reclam.

WHITE, Lynn, Jr. (1967), «The historical roots of our ecologic crisis», *Science* 155, págs. 1.203-1.207.

WIGNER, Eugene (1970), *Symmetries and Reflections: Scientific Essays*, Cambridge (Mass.): The MIT Press.

WILBER, Ken (1985), *La conciencia sin fronteras*, Barcelona: Kairós.

WILKINSON, Richard y PICKETT, Kate (2009), *The Spirit Level*, Londres: Allen Lane (*Desigualdad*, Madrid: Turner, 2009).

WILSON, Edward O. (1984), *Biophilia*, Cambridge: Harvard University Press.

WORLD COMISSION ON ENVIRONMENT AND DEVELOPMENT (1987), *Our Common Future*, Oxford: Oxford Paperbacks.

WORLDWATCH INSTITUTE (2001), *State of the World Report 2001*, Nueva York: Norton.

— (2008), *La situación del mundo 2008*, editado por Gary Gardner y Thomas Prugh, Barcelona: Icaria.

— (2010), *La situación del mundo 2010: Cambio cultural. Del consumismo a la sostenibilidad*, editado por Erik Assadourian, Barcelona: Icaria.

WORLD WILDLIFE FUND (2008), *Living Planet Report 2008*, Gland (Suiza): WWF.

WORLD WILDLIFE FUND (2008), *Weathercocks and Signposts*, descargable en wwf.org.uk/strategiesforchange.

ZAGAJEWSKI, Adam (2003), *En la belleza ajena*, Valencia: Pre-Textos.

ZOJA, Luigi (1995), *Growth and Guilt*, Londres: Routledge.

AGRADECIMIENTOS

Esta obra se gestó a partir de un estudio previo sobre los valores necesarios para una sociedad sostenible, encargado por el CADS (Consell Assessor per al Desenvolupament Sostenible, organismo que asesora en cuestiones de sostenibilidad a la Generalitat catalana). Debo mi más profundo agradecimiento al geógrafo Ramon Arribas, a la sazón director del CADS, por haberme invitado a realizar dicho estudio, publicado como *Revalorar el món: els valors de la sostenibilitat* (CADS, 2010).

La mayoría de los textos y figuras de *GPS: Valores para un mundo en transformación* nacieron en diálogo con Caterina Amengual que, como Carme Martinell, aportó ideas y revisó las primeras versiones. Gracias también a María Alasia, Isabel Asensio, Jordi Bigues, Norbert Bilbeny, Yago Calvet, Cristóbal Cervantes, Eliseu T. Climent, Alfonso Colodrón, Helena Cots, Arturo Escobar, Guillem Ferrer, Marga Font, Alberto Fraile, Eduardo Galeano, Satish Kumar, Serge Latouche, Michael Lerner, David Loy, Susanna Martí, Anna-Rosa Martínez, Marta Mateu, Humberto Maturana, Manfred Max-Neef, Helena Norberg-Hodge, Amelia Padilla, Agustín Pániker, Octavi Piulats, Pep Puig, Guillem Ramis, Jorge Riechmann, Joandomènech Ros, Vandana Shiva, Andy Singer, Sybilla Sorondo, Sophia Style, Carme Valls y Rajiv Vora. Y a mis padres, Jordi y Mari Paz.

ÍNDICE ONOMÁSTICO

editorial Kairós

Numancia, 117-121 • 08029 Barcelona • España
tel. 93 4949490 • e-mail: info@editorialkairos.com